EMBARAZO Y PRIMEROS AÑOS

La alimentación del bebé de 0 a 24 meses

YOLANDA RUIZ RUIZ

TIKAL

Dirección editorial
Isabel Ortiz

Proyecto editorial
adosaguas
www.adosaguas.es

Coordinación editorial
Myriam Sayalero

Texto
Yolanda Ruiz Ruiz

Diseño y realización
adosaguas
Macu G. Noval

Ilustraciones
Macu G. Noval

Corrección
Patricia Hermosa, Luis Navarro

Adaptación
Ana Maestre

Preimpresión
Miguel Ángel San Andrés

Créditos fotográficos
Thinkstock by Getty Images

© SUSAETA EDICIONES, S. A. - Obra colectiva
Tikal Ediciones
Campezo, 13 - 28022 Madrid
Tel.: 91 3009100 - Fax: 91 3009110
www.susaeta.com
D.L.: M-13868-MMHIII

Introducción

Como madre, eres responsable y deseas que tu hijo esté bien alimentado, así que constantemente te asaltan un montón de dudas: ¿Qué debo hacer para que coma bien? ¿Qué alimentos le convienen más? ¿Está mi bebé creciendo como debería? En este libro consideramos de suma importancia su alimentación y la tuya, incluso desde antes de que concibas a tu futuro hijo. Y es que, de acuerdo con los tratados modernos de pediatría, el niño se considera una persona ya a partir de la fecundación del óvulo, cuando empieza a desarrollarse su ser biológico. Desde ese momento y hasta el fin de la adolescencia, tu hijo experimentará multitud de cambios físicos fundamentales para su vida adulta en los que la nutrición será esencial. Y para que ésta sea efectiva los hábitos de alimentación son indispensables.

La primera infancia es la etapa de crecimiento que abarca los dos primeros años de vida. La alimentación durante este periodo debe satisfacer las necesidades energéticas y nutricionales del niño. La dieta ha de aportar vitaminas y minerales de manera equilibrada y, asimismo, debe adecuarse a la limitada capacidad digestiva de cada pequeño. Durante los primeros meses de vida, sólo la leche materna tiene la capacidad de cubrir todas las exigencias nutricionales de los bebés, aunque la leche artificial puede ser un excelente sustituto. Y una vez que tu hijo alcance la etapa del destete, la clave será establecer una dieta individualizada que tenga en cuenta, también, el desgaste realizado por la actividad física.

Una gran cantidad de estudios coinciden en que muchas enfermedades que padecen los adultos tienen su origen en la primera infancia. Es en esta fase de la vida cuando las deficiencias o los desequilibrios nutricionales delimitan el óptimo desarrollo de la estructura corporal del niño, sus órganos y sus funciones. Un desarrollo inadecuado puede tener consecuencias irreversibles en la salud.

Asimismo, existen investigaciones que aseguran que los adultos prefieren los alimentos que comían en la primera infancia. Esto quiere decir que los hábitos alimenticios durante este periodo cristalizan en los primeros años de independencia, cuando la adolescencia se deja atrás, y se consolidan en la edad adulta.

Por eso, en este momento de tu vida, el embarazo, es indispensable que sigas una dieta saludable rica en carbohidratos complejos, frutas, verduras y pescados grasos, pero con pocas grasas saturadas y casi nada de sal. Sin embargo, la dieta de tu futuro hijo a lo largo de sus primeros días y meses deberá ser rica en grasas y productos lácteos.

Quizá te preguntes por qué comes lo que comes. La elección de la dieta está influida por el aprendizaje, las creencias, las actitudes y la constitución psicofisiológica de cada persona. Así, los buenos hábitos alimenticios se inician desde la primera toma de la leche materna. Al principio, se acostumbra a dar de comer al bebé a ciertas horas y de acuerdo a lo que su madre come, es decir, se va predisponiendo el gusto de su propio paladar. Conforme el pequeño va creciendo, estos hábitos se afianzan. Es entonces cuando la educación debe respaldarse con el ejemplo. El niño aprenderá a comer según los hábitos alimenticios que sus mismos padres practiquen (los niños comerán como vean que lo hacen sus mayores en casa, no como éstos le digan que debe

hacerlo). No está de más añadir que la buena alimentación es la primera medicina preventiva. Cuando alimentas a tu hijo también lo estás educando en su manera de comer.

La historia de la alimentación infantil es reciente, sobre todo si la comparamos con la historia de la humanidad. Fue a finales del siglo XIX cuando la figura del niño trascendió el ámbito familiar y adquirió una importancia social, económica e incluso política como individuo. En esa época también alcanzó relevancia la pediatría como disciplina autónoma. Mucho antes, la aparición de la agricultura y el pastoreo había permitido a los seres humanos considerar formas de alimentación infantil alternativas a la lactancia materna gracias a la leche del ganado y a las papillas

elaboradas con cereales. La leche era considerada el alimento por excelencia y un sinónimo de salud, riqueza, fecundidad y pureza.

Está claro que la alimentación rige nuestra vida, no sólo en lo biológico, sino también en lo social y en lo cultural.

A través de la comida nos relacionamos socialmente. El alimento diario es objeto de pactos y de conflictos, no sólo en nuestra cultura occidental, sino en cualquiera, y permite diferenciar grupos sociales, además de influir en nuestra forma de concebir el mundo. No sólo somos lo que comemos, sino que comemos lo que somos. Y ahí tenemos la clave para inculcar a nuestros hijos unos hábitos que redunden en su salud, bienestar emocional y seguridad en la vida.

¿Preparada para recibir al bebé?

capítulo uno

¿Qué comer?

Una buena alimentación favorece el embarazo. Éste además es el mejor momento para afianzar los buenos hábitos alimenticios.

Cuando Leticia se enteró de que estaba embarazada de tres semanas se sintió muy feliz. Como cualquier mujer encinta, quería hacer lo mejor para que su hijo naciera sano y fuerte. «¿Qué hago?», «¿cómo debo alimentarme correctamente?», eran algunas de las preguntas que se hacía con insistencia. Si no estás embarazada y planeas estarlo, ésta es una buena ocasión para que observes tus hábitos alimenticios; quizá debas incluir alguna mejora.

Para que no te agobies, lo mejor es seguir una dieta variada en la que se incluyan productos de los cuatro principales grupos de nutrientes: cereales, lácteos, proteínas y, sobre todo, muchas frutas y verduras. Hasta hace unos años, los nutricionistas recomendaban prestar más atención a los últimos meses del embarazo, pero investigaciones recientes han puesto de manifiesto que es conveniente atender más la alimentación durante el periodo inicial de la gestación. Y es que, durante las primeras semanas, cualquier alteración metabólica ocasionada por una mala nutrición podría tener serias consecuencias en el feto a largo plazo e, incluso, desencadenar daños irreversibles en su salud.

De acuerdo con los especialistas, una buena alimentación antes del embarazo también garantiza una mejor fertilidad. Actualmente, los médicos insisten en que se lleve una dieta saludable desde que la mujer planea quedarse embarazada por una razón: puede que no sepas que estás encinta cuando el cerebro del bebé ya haya comenzado a desarrollarse. Este proceso de la naturaleza es asombroso: a las cinco semanas ya se ha formado el córtex, o corteza cerebral; nueve semanas después, el embrión presenta movilidad corporal, hipo y reacciones ante los ruidos fuertes; en la décima semana mueve los brazos y puede desperezarse, abre la boca y bebe el líquido amniótico; tres meses de vida embrionaria y ya bosteza y chupa; a los seis meses puede escuchar, y a los ocho consigue ver.

Durante este periodo prenatal la alimentación es muy importante para la vida futura del recién nacido. Un desarrollo insuficiente del feto durante los últimos tres meses de embarazo está directamente relacionado con bajo peso al nacer, una enorme variedad de problemas de salud, delgadez en el niño y baja estatura (siempre y cuando estén excluidos los factores genéticos).

Ahora más que nunca tu organismo necesita energía y ésta se obtiene, principalmente, de los carbohidratos. Debes evitar los productos refinados (sobre todo harinas de trigo, patata deshidratada y harina de soja); es preferible que los ingie-

Consume proteínas

Cuando estás embarazada debes consumir entre 75 y 80 gramos de proteínas al día. Los quesos curados, las carnes con poca grasa o magras, el pescado cocido, la soja, los huevos, la leche de vaca y las legumbres son alimentos ricos en proteínas, que son el componente esencial de las células, por lo cual resultan fundamentales para ti y para tu hijo, y resultan indispensables para el buen desarrollo y formación de los músculos, los tendones, los ligamentos, los huesos, la piel y el cabello.

Yodo, un elemento esencial

Si bien el uso de la sal debe ser moderado, no desdeñes la sal yodada; tanto ésta como los productos procedentes del mar son ricos en yodo, un componente vital en la producción de la hormona tiroxina o tetrayodotironina (T4). El yodo es fundamental para que tu bebé tenga un buen desarrollo cerebral. También contribuye a la regulación de otras funciones metabólicas, como el mantenimiento de la temperatura corporal. Si faltara, tu hijo podría padecer cretinismo o hipotiroidismo, así como algunas minusvalías físicas y mentales.

Diabetes y obesidad

Si padeces diabetes, consulta a tu médico sobre el tipo de alimentación que más te conviene. Una dieta inadecuada puede hacer que tu hijo presente problemas de obesidad cuando sea adulto; hay estudios que indican que los bebés que pesan más de cuatro kilos y medio al nacer tienen sobrepeso al llegar a la edad de 17 años. También existe riesgo de que el feto madure antes de que llegue el momento del parto, con el consiguiente peligro para la vida de madre e hijo.

Ahora más que nunca tu organismo necesita energía y ésta se obtiene, principalmente, de los carbohidratos.

Una buena alimentación antes del embarazo también garantiza una mejora en la fertilidad.

Nutrientes imprescindibles

VITAMINA E

Ayuda a la constitución de las paredes celulares y de la sangre. La puedes encontrar en aceites vegetales, cereales enteros, carne de vaca, pescado, germen de trigo, huevos, nueces y leche.

CALCIO

Es esencial para el desarrollo de los músculos y los nervios; favorece la coagulación sanguínea y la actividad enzimática. Puedes consumirlo en el requesón, el yogur, las sardinas, el salmón, la col rizada y el tofu.

HIERRO

Transporta el oxígeno en la sangre. Puedes encontrarlo en el anacardo, los pistachos, la algarroba, las legumbres, la ternera, el perejil fresco y los cereales integrales.

VITAMINA A o RETINOL

Es importante para el crecimiento celular, óseo, de los ojos, las mucosas y la piel; además, ayuda a metabolizar las grasas. La yema de huevo, las ostras, la leche, los pescados grasos (el arenque, el salmón o la sardina), los melocotones y las zanahorias son ricos en vitamina A.

VITAMINA B1 o TIAMINA

Es necesaria para el metabolismo de los carbohidratos y contribuye al buen funcionamiento del estómago. Sus principales fuentes son el hígado, el germen de trigo, las lentejas, el berro, la cebolla, la coliflor y la levadura.

VITAMINA B2 o RIBOFLAVINA

Ayuda a descomponer los alimentos y previene problemas en ojos y piel. Está presente en el hígado, la levadura, el germen de trigo, la leche y el queso cottage.

VITAMINA B6

Permite sintetizar proteínas y producir anticuerpos. El salmón, los plátanos, los tomates, las nueces, el maíz y el arroz integral son ricos en esta vitamina, llamada también piridoxina.

VITAMINA B12

Ayuda a la formación de tejidos y ADN. Los cereales enriquecidos, la carne, los lácteos y los huevos pueden ser buenos proveedores de ella. ¿Eres vegetariana? Come soja fermentada y algas.

VITAMINA C

Es el ácido ascórbico. Contribuye a la formación de tejidos y a resistir infecciones, es desintoxicante y aumenta la absorción del hierro. No se almacena, hay que consumirla diariamente. Está en tomates, pimientos, coles, frambuesas, fresas, naranjas, mandarinas y limones, además de kiwis, mangos, papayas, espinacas y coliflores.

FÓSFORO

Es un mineral que ayuda a la formación de dientes y huesos. Está en la leche, el queso y la carne.

MAGNESIO

Facilita el metabolismo celular y la acción muscular. Lo puedes encontrar en las nueces, el coco, la harina de trigo integral y las alubias.

VITAMINA B3 o NIACINA

Contribuye a metabolizar las proteínas, evita infecciones y favorece el desarrollo de las células cerebrales. Se encuentra en cereales, alubias, habas y cacahuetes.

VITAMINA B5

El ácido pantoténico es esencial para las funciones reproductoras y para mantener una cantidad adecuada de glóbulos rojos. Está en el salvado de trigo, los cereales integrales, el hígado y los riñones.

VITAMINA D o CALCIFEROL

Contribuye a absorber el calcio y el fósforo, además de ser un buen aliado para la mineralización de los huesos y los dientes. Se sintetiza con ayuda de la luz solar, aunque también puede encontrarse en la yema de huevo, los pescados grasos y el aceite de hígado de bacalao.

ZINC

Es importante para el crecimiento de los sistemas esquelético y nervioso. Huevos, carne, semillas de girasol, berenjena, ostras e hígado son algunos de los alimentos que lo contienen en abundancia.

ras de la forma más natural posible, a través de judías, legumbres, fruta fresca y verduras.

El embarazo no es el momento para que empieces un régimen de adelgazamiento. Cada semana no sólo se están desarrollando el feto y la placenta en tu interior, sino que también aumenta la cantidad de líquido amniótico. Seguramente aumentarás entre 12 y 16 kg de peso durante el embarazo, de los que 1.800 g se ganan durante el primer trimestre. Después, tu peso aumenta unos 440 g de media cada semana.

Si al quedarte embarazada tienes bajo peso, es recomendable que ganes 2.300 g aproximadamente, y que aumentes entre 14 y 18 kg durante todo el embarazo. No dejes de consultar al tocólogo y a un nutricionista para que te hagan los análisis pertinentes, se aseguren de que todo marcha bien y te diseñen una dieta adecuada a tus propias necesidades. Lo ideal es que te hagas todos los exámenes clínicos que te recomiende el ginecólogo, pues para prevenir la aparición de complicaciones relacionadas con la nutrición es aconsejable una valoración continua que permita analizar tus necesidades y el estado de salud de tu bebé.

Los médicos coinciden en la importancia de consumir alimentos ricos en tejidos grasos y magros, ya que constituyen una reserva de energía que el bebé puede requerir durante la última etapa de gestación y son, además, una fuente indispensable de energía durante el parto y la lactancia.

Cambios hormonales

Tu organismo está sufriendo transformaciones importantes. Puedes aliviar los síntomas con una alimentación equilibrada y natural.

Para reducir las náuseas y los vómitos, lo conveniente es que comas más veces a lo largo del día y en menor cantidad.

Salud e índice de masa corporal

El peso de la madre antes del embarazo es un factor determinante en el peso que tendrá el recién nacido y en posibles complicaciones de salud futuras. Algunos estudios sugieren que el índice de masa corporal (IMC) ideal al inicio del embarazo se sitúa entre 20 y 25 kg/m². Si el índice es menor a 20, es probable que el niño, al nacer, pese unos 200 g menos que el promedio y puede duplicarse el riesgo de que presente bajo peso y de que sea prematuro. Al contrario, si el IMC de la madre es superior a 25 y, sobre todo, si presenta obesidad, puede desarrollar enfermedades como macrosomía, diabetes gestacional, preeclampsia y distintas complicaciones durante el parto. No obstante, incluso con sobrepeso, los expertos no ven con buenos ojos reducir el peso corporal materno durante la gestación. El índice de masa corporal (IMC) es una fórmula que se utiliza para evaluar el peso corporal en relación con la estatura. Es el cociente entre el peso de una persona y su altura (expresada en metros) elevada al cuadrado. El resultado se interpreta de la siguiente forma: menos de 18,5, peso inferior al normal; entre 18,5 y 24,9, peso normal; entre 25 y 29,9, peso superior al normal, y obesidad cuando se superan los 30 kg/m². La fórmula permite medir la constitución física y ha demostrado ser una manera eficaz de determinar la grasa corporal.

$$IMC = \frac{PESO \ [kg]}{ESTATURA^2 \ [m]}$$

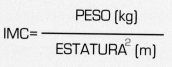

Inés está embarazada de diez semanas y desde hace dos comenzó a padecer vómitos matutinos. Cuando se va a dormir, sin importar la hora, le despiertan unas náuseas que le hacen sentirse muy incómoda. Lo más curioso es que vomita sólo por las mañanas; el resto del día lo lleva muy bien. El caso de Inés es algo frecuente en la mayoría de las embarazadas debido a que, durante las primeras semanas de gestación, experimentamos algunas alteraciones digestivas. No es algo grave, en el caso de náuseas o vómitos, ya que están relacionados con los cambios fisiológicos que se están produciendo. Por la misma razón, también es frecuente el estreñimiento. En algunas mujeres es también común la pirosis, lo que se conoce como agruras o acidez, resultado de la presencia de ácido gástrico en el esófago como consecuencia del aumento de la presión abdominal.

Para reducir las náuseas y los vómitos, lo conveniente es que comas más veces a lo largo del día y en menor cantidad. Lo mejor es que tomes alimentos naturales y evites las comidas muy condimentadas y elaboradas, así como el exceso de grasas. Cada mañana, al despertar, es aconsejable que consumas hidratos de carbono complejos, que están compuestos por cadenas de azúcares simples; los puedes encontrar en la pasta, el pan, los cereales, las frutas y los vegetales. Además, necesitas beber dos litros de agua al día como mínimo. Si padeces estreñimiento, no es recomendable que tomes laxantes; lo ideal es que practiques ejercicio de forma moderada y que comas frutas, verduras y cereales integrales.

Para reducir la acidez, eleva la cabecera de la cama, evita la ingestión de alimentos justo antes de acostarte y trata de no consumir grasas, bebidas gaseosas o alimentos con muchas especias.

Listeriosis

Mientras estés embarazada, debes evitar alimentos que contengan queso azul o quesos blandos, así como quesos de cabra u oveja. No comas directamente del envase pescados y mariscos ahumados refrigerados, patés o cualquier tipo de carne envasada, así como ningún alimento que contenga leche cruda o no pasteurizada. Todos ellos son una fuente de listeria, una bacteria que afecta a las embarazadas y provoca listerioris. En personas adultas, esta enfermedad se manifiesta como bacteriemia o meningoencefalitis secundaria.

En caso de embarazo múltiple...

Para las embarazadas de gemelos, trillizos o más, existe una tabla normal de aumento de peso de la madre. Así, durante el segundo y tercer trimestre, en caso de embarazo gemelar, puedes llegar a aumentar de 15,8 a 20,3 kg, lo cual garantizará un desarrollo seguro de los bebés. Si el embarazo es triple, el aumento puede llegar a ser de 22,6 kg de media para que se garanticen buenos resultados. Si tu embarazo es de cuatro embriones o más, sigue estrictamente las instrucciones de tu ginecólogo.

Ácido fólico, indispensable

¿Quieres que tu bebé nazca totalmente sano? Este folato es fundamental para la producción de ADN.

Cuando le aconsejaron que tomara pastillas de ácido fólico, Luisa se preocupó mucho. A sus 35 años de edad, subir de peso no le agrada en absoluto, y sus amigas le habían dicho que el consumo de este mineral le haría ganar algunos kilos. Decidió consultar a su ginecólogo, el cual le explicó que el ácido fólico es indispensable para cualquier mujer en edad reproductiva y que es un mito la idea de que hace ganar peso corporal. Desde hace algunas décadas, los servicios de salud pública insisten en que las mujeres tomen ácido fólico no sólo durante el embarazo, sino desde antes de la concepción, ya que su presencia ayuda a disminuir en el embrión el riesgo de padecer defectos congénitos del tubo neural. Este ácido, también conocido como folato, es necesario para que tu organismo produzca glóbulos rojos y diversos componentes del sistema nervioso, contribuye a la producción de ADN y normaliza la función cerebral. La fuente principal de ácido fó-

lico está en las verduras de hoja verde, los frutos secos, las leguminosas y la naranja. Las espinacas, el hígado de vaca o de gallina, la levadura, los cítricos, las nueces, las legumbres y los huevos también lo contienen.

¿Por qué es importante? Se ha comprobado que el tubo neural del bebé se cierra precozmente durante el primer mes de embarazo, cuando todavía no sabes que estás embarazada. El ácido fólico evita defectos congénitos en esta parte del cuerpo como la anencefalia (ausencia de los huesos de la bóveda craneana), el encefalocele (herniación de meninges y de meninges/tejido cerebral) y la espina bífida, que es cuando no se fusionan uno o más arcos vertebrales y dejan al descubierto las meninges (lo que se conoce como meningocele) o tejido nervioso, así como las capas meníngeas (o meningomielocele). Desde hace algunos años se le da mucha importancia al consumo de ácido fólico, pues las dos primeras enfermedades citadas son mortales,

mientras que la espina bífida se caracteriza por parálisis de las extremidades inferiores, hidrocefalia u obstrucción urinaria, entre otras.

Gracias a las medidas que han tomado las instituciones de salud en España, actualmente sólo nacen, según la Federación Española de Asociaciones de Espina Bífida (FEBHI), de ocho a diez bebés de cada 10.000 con alguna malformación del tubo neural, y más de la mitad de estos casos están afectados por espina bífida.

Para prevenir los defectos congénitos del tubo neural, el National Research Council de Estados Unidos recomienda que todas las mujeres en edad fértil tomen 400 µg diarios de ácido fólico a través de alimentos fortificados o suplementos. Los médicos sugieren consumir aproximadamente 1.000 µg de ácido fólico al día, como mínimo, hasta 14 semanas después de la última regla. Confía en tu ginecólogo, pues te recomendará la dosis que te conviene tomar.

Bebe agua

Durante el embarazo vas a experimentar una mayor concentración de fluidos en tu cuerpo. Es aconsejable que bebas entre seis y ocho vasos de agua al día. Además de hidratar la piel, prevendrás el estreñimiento, la retención de líquidos e incluso infecciones del tracto urinario. Procura no abusar de la sal, ya que ésta aumenta la presión sanguínea y puede afectar a tu salud y a la de tu bebé. El agua ayuda a tu organismo a eliminar las cantidades innecesarias de sodio.

Tomar ácido fólico evita enfermedades graves del tubo neural como la espina bífida.

Carbohidratos

¿Quieres prevenir la fatiga y el estreñimiento? No dejes de incluir carbohidratos complejos en tu dieta, pues contribuyen a mejorar el rendimiento físico. Están formados por moléculas de azúcar que se extienden en cadenas largas. Los puedes encontrar, sobre todo, en guisantes, alubias, granos enteros y hortalizas y son una fuente de vitaminas, minerales y fibra. Al igual que los carbohidratos simples, se convierten en glucosa y te proporcionan la energía que necesitas. Sin embargo, los carbohidratos simples no son tan buenos para la salud; están presentes en galletas, pan dulce, postres, caramelos y azúcar blanca, entre otros.

Las principales fuentes de ácido fólico son las verduras de hoja verde, los frutos secos, las leguminosas y la naranja.

Ácido fólico

El ácido fólico o folato, junto con las vitaminas B12 y C, ayuda a tu organismo a descomponer, utilizar y crear nuevas proteínas. El ácido fólico favorece el trabajo celular y el desarrollo de los tejidos. Su deficiencia puede causar retraso en el crecimiento, encanecimiento, inflamación de la lengua, úlceras bucales, úlcera péptica e incluso diarrea. Puedes encontrarlo de manera natural en: cereales fortificados, espárragos, lentejas, espinacas, alubias o habichuelas negras, cacahuetes, zumo de naranja, panes y pastas enriquecidas, lechuga romana y brócoli.

TU BEBÉ, mes a mes

MES DE GESTACIÓN	CRECIMIENTO DE ÓRGANOS	DESARROLLO SENSORIAL

1

El embrión mide 6 mm de largo.

{ Tanto el corazón como el sistema digestivo, la espina dorsal y la médula espinal se están formando.

{ A partir de los 18 días comienzan a formarse las células cerebrales.

{ En la tercera semana, algunas neuronas ya han formado el tubo neural.

2

Mide 8,5 mm de largo.

{ El corazón ya funciona.

{ Ojos, nariz, lengua, orejas y dientes se están formando.

{ En los varones, comienza a formarse el pene.

{ Tu bebé ya se mueve, aunque tú no lo sientas.

{ Empieza a tener sensibilidad táctil.

3

En esta etapa, ya se le conoce como feto.

Mide de 6,35 a 7,6 cm y pesa 28 g, aproximadamente.

{ Ya tiene una forma humana reconocible.

{ Se están desarrollando las uñas y los lóbulos de las orejas.

{ Los brazos y las piernas, las manos, los pies y los dedos ya están formados.

{ Los ojos ya están desarrollados casi completamente.

{ Se han formado la mayoría de los órganos y tejidos.

{ A partir de la semana 10, ya se escucha el latido de su corazón.

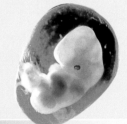

4

Mide de 16 a 18 cm y pesa 170 g, aproximadamente.

{ Se están formando los brotes de los dientes.

{ Se empiezan a desarrollar las glándulas sudoríparas en las palmas y las plantas de los pies.

{ Los dedos de las manos y los pies ya están bien definidos.

{ Ya se puede identificar su sexo.

{ Su piel adquiere un tono rosado fuerte, es transparente y está cubierta de un vello suave.

{ Ya tiene reflejos de chupar y tragar; puede chuparse el dedo.

{ Tiene apariencia humana, pero no podría sobrevivir fuera de tu útero.

{ Reacciona al dolor y prefiere una postura a otra. También se empieza a desarrollar el gusto; comienza a distinguir los nutrientes en el líquido amniótico.

{ Al final del mes, mueve las manos y se empieza a tocar la cara.

MES DE GESTACIÓN	CRECIMIENTO DE ÓRGANOS	DESARROLLO SENSORIAL

5

Mide de 20 a 25,5 cm y pesa 0,5 kg, aproximadamente.

{ Se forman todas sus neuronas cerebrales.

{ Comienza a crecer el pelo de la cabeza.

{ El cuerpo se cubre de un vello suave llamado languo.

{ Lo órganos internos están madurando.

{ Aparecen cejas, párpados y pestañas.

{ Ya puedes percibir los movimientos fetales.

{ Tu bebé toca tu útero y su cuerpo.

6

Mide de 28 a 35,5 cm y pesa 0,6 g, aproximadamente.

{ Los párpados empiezan a separarse y, a veces, abre sus ojos.

{ Su piel tiene un recubrimiento protector llamado vérnix.

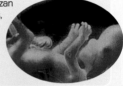

{ Puede tener episodios de hipo.

{ Se desarrolla el oído y el equilibrio. Ya puede distinguir la voz de su papá.

{ Empieza a captar luz y se protege de la iluminación intensa que recibe sobre tu vientre.

7

Mide de 35,5 a 40,6 cm de largo y pesa entre 1 kg y 1,5 kg,

{ Ya se han desarrollado las papilas gustativas.

{ Se están formando las capas de grasa.

{ Su piel está arrugada y roja.

{ Si naciera ahora, sería un bebé prematuro y requeriría atención especial.

{ Su olfato se va desarrollando conforme va madurando el sentido del gusto.

8

Mide de 41 a 45,5 cm de largo y pesa de 1,8 a 2,7 kg, aproximadamente.

{ Su crecimiento global es muy rápido.

{ Salvo los pulmones, la mayoría de los órganos ya están desarrollados.

{ La piel está menos arrugada.

{ Las uñas han crecido más allá de las puntas de los dedos.

{ Los movimientos de las extremidades son suficientemente fuertes para que puedas percibirlos.

9

Mide de 48 a 50,8 cm de largo y pesa 3 kg, aproximadamente.

{ Ya tiene 100 billones de neuronas.

{ Sus pulmones están maduros.

{ La piel es rosada y suave.

{ Está completamente desarrollado y puede sobrevivir fuera de ti.

{ Es capaz de distinguir a través de sombras los reflejos de luz que provienen del exterior y nota el resplandor de la luz solar sobre tu vientre.

Prepara tu pecho

La leche materna es el principio de una vida saludable para tu hijo. Es aconsejable poner en marcha algunas medidas preventivas antes de dar a luz.

Es suficiente con usar agua tibia para lavar el pecho. Después de la ducha, es preferible que dejes secar el pecho al aire.

Mientras se encuentra en tu vientre, y durante sus primeros meses de vida, el bebé depende única y absolutamente de ti, de tu salud y tus cuidados. Todo lo que hagas para tu propio bienestar tendrá una consecuencia positiva en el desarrollo biológico del recién nacido.

Desde el momento de la fecundación, tu cuerpo empieza a sufrir importantes cambios a los que debes prestar atención. En el caso del pecho, a los pocos días comienza su transformación; se está preparando para poder alimentar al neonato. Su tamaño aumentará gradualmente, ya que en él se acumula grasa. A las seis semanas, podemos notar que ha crecido una talla o más. Hay mujeres que además presentan hinchazón, cosquilleo o sensibilidad al tacto y, para algunas, quizá ésta sea la primera señal de que están embarazadas. Los cambios también se producen por la cantidad de hormonas femeninas que se ponen en acción con el embarazo. Asimismo, es frecuente sentir un cosquilleo debido al cambio de temperatura que se produce en el pecho.

Hacia los tres primeros meses de embarazo, el pecho cambia de tamaño y de peso; además, su piel se va estirando conforme crece. También es normal que las venas se vuelvan más azules de lo normal por el aumento de la corriente sanguínea. Si consideras que no son normales los cambios que vas sintiendo, lo mejor es visitar a la matrona o al ginecólogo. Asimismo, comprobarás que los pezones se oscurecen y que las areolas crecen y se vuelven también más oscuras, ya que las pequeñas glándulas que se encuentran en la superficie de éstas se elevan y adquieren una forma irregular; en estas irregularidades se acumula una sustancia aceitosa que evita que los pezones se agrieten o se resequen. Hacia el último trimestre, el pecho a veces presenta alguna secreción: el precalostro. Este líquido puede expulsarse al masajear el pecho o durante la excitación sexual.

Existen algunos trucos sencillos para aliviar los síntomas molestos. Utiliza un sujetador de embarazo, que ayuda a la espalda a soportar el incremento de peso del pecho. Éste no debe irritar los pezones y es preferible que sea de algodón. Es buena idea adquirir otro sostén para dormir; no debe apretar ni quedar demasiado holgado. Para que la secreción de precalostro no te manche la ropa, existen almohadillas protectoras para los pezones.

Para una buena hidratación del pecho, no se recomienda lavar la areola y los pezones con jabón; es suficiente con usar agua tibia. Después de la ducha, es preferible que dejes secar el pecho al aire. Si no notas cambios en tus senos, o si han sido operados, es necesario que hables con el médico. Una buena hidratación del pecho contribuye a evitar las estrías o a hacer que no sean tan visibles. Aplica cremas especiales para esta zona. A partir del tercer mes de embarazo, alterna una crema hidratante con una reafirmante, combinadas con un suave masaje, para ayudarte a vencer la flacidez.

Cuidados del pecho

Si optas por la crianza natural después del parto, tu pecho será la principal fuente de alimentación de tu bebé, así que requiere cuidados y atención desde los primeros días de gestación. Masajea los senos dos veces al día, por la mañana y por la noche, para que estén firmes y sanos durante y después del embarazo. Una buena opción son las cremas fabricadas a base de caléndula. Puedes aplicarlas con movimientos circulares en el sentido de las agujas del reloj y sin presionar demasiado.

Evita dolores de espalda

Para fortalecer el pecho y no sufrir dolores de espalda, puedes practicar tres sencillos ejercicios. Primero, respira suave y profundamente. Deja que el aire vaya llenando lentamente los pulmones. Separa los pies, en línea con la cintura y totalmente apoyados en el suelo, y distribuye el peso de tu cuerpo por igual en toda la planta de ambos pies.

1 Pon la cabeza y la espalda rectas, con la mirada hacia un punto en el horizonte. Une las manos detrás de la espalda evitando que los hombros caigan hacia delante. Estira los brazos hacia atrás y hacia arriba todo lo que puedas. Mantén esta postura durante 10 segundos y, después, relaja. Repítelo tres veces. Mientras lo haces, respira suave y profundamente.

2 Sitúate frente a una puerta. Coloca las manos con las palmas hacia fuera por debajo de los hombros y apóyalas sobre el marco de la puerta. Saca pecho hasta que sientas un estiramiento cómodo en la parte media de la espalda. Levanta la cabeza y dobla ligeramente las rodillas. Mantén esta postura durante 15 segundos y repítela tres veces. Es importante que respires profundamente.

3 Siéntate en una silla rígida, con la espalda recta y los brazos sueltos a los lados. Sube los hombros hacia las orejas con fuerza. Mantén 5 segundos y, después, relaja. Respira suave y profundamente. Repite este ejercicio cinco veces.

SACALECHES

Si vas a dar el pecho a tu hijo, puede resultarte muy útil. Busca alguno que sea fácil de limpiar, cómodo y portátil. Los más recomendables son los de jeringa, que están compuestos por dos cilindros, y el eléctrico, que no necesita ser manipulado para ponerlo en funcionamiento. No son aconsejables los de pilas ni los de bulbo o palanca.

ROPA DE EMBARAZO

Mientras avanza tu embarazo, tendrás que cambiar de vestuario. Te aconsejamos prendas cómodas y de diseños acordes con tu imagen personal que te hagan sentir bien; eso ayudará a que no decaiga tu estado anímico.

PEQUEÑOS ALIADOS

Antes de dar a luz, es el momento perfecto para adquirir algunos pequeños aliados que te ayudarán a alimentar a tu bebé cuando nazca y harán que te sientas más cómoda.

APARATO ESTERILIZADOR

Existe una gran variedad de esterilizadores en el mercado. Son muy útiles para garantizar la higiene de los biberones y las tetinas. No olvides que antes de introducirlos en el esterilizador debes lavarlos perfectamente con agua y jabón. En caso de no disponer de este aparato, es necesario que hiervas en agua los biberones después de cada toma.

COJÍN DE LACTANCIA

Te ayuda a sostener al bebé, sin cansarte ni producirte dolores de espalda, mientras lo amamantas. Hay una enorme diversidad de cojines en el mercado, aunque también lo puedes confeccionar tú misma.

CHUPETES

Son un excelente aliado, ya que a los bebés les calma y les tranquiliza mucho succionar. No obstante, hay quienes piensan que los chupetes pueden confundir al bebé y promover una succión ineficaz del pecho, lo que puede ocasionar una disminución en la producción de leche materna. La Liga de la Leche recomienda que no se les ofrezca chupete a los bebés recién nacidos, al menos no durante las primeras tres o cuatro semanas de vida. Tampoco los recomiendan en bebés que tengan problemas para agarrarse al pecho o succionar correctamente, ni a lactantes cuya madre esté preocupada por la provisión de leche o porque el bebé se pone nervioso al mamar.

CEPILLOS ESPECIALES

La limpieza de los biberones es muy importante, ya que pueden ser transmisores de patógenos. Tienen que lavarse correctamete, incluidas las tetinas, las roscas y las tapas. Utiliza un cepillo diseñado para ello. Puedes utilizar jabón lavaplatos y agua caliente, aunque es mejor si los esterilizas después de lavarlos (imprescindible hasta los seis meses). Guárdalos en un lugar fresco y seco.

BIBERONES

Si vas a alimentar a tu bebé con biberón, necesitarás seis biberones de 110 ml con tetina. Si vas a darle el pecho, con tres o cuatro biberones es suficiente. Hay chupetes y biberones con tetina ergonómica, que simula el pezón materno, cuyo orificio tiene una localización y un diámetro adecuados para la succión y deglución ideal (no modifiques el orificio de la tetina). ¿Qué biberones comprar? Los de cristal no absorben olores y sabores ni se tiñen con el color de los alimentos; por el contrario, los de policarbonato o plástico irrompible pueden absorber los colores de algunos alimentos y volverse amarillos o adquirir un aspecto opaco. Con los de cristal no hay riesgo de que sustancias extrañas, como el plomo, pasen a los alimentos; con los de policarbonato existe ese riesgo, por lo que hay que escoger con cuidado la marca que se vaya a comprar. En cambio, los biberones de policarbonato tienen otras ventajas: son más ligeros, al bebé le resultan más fáciles de sostener y no se rompen si se caen al suelo, algo bastante frecuente. Existen muchos tipos de biberones y no todos sirven para lo mismo. Generalmente, se venden con tetina, aunque éstas pueden adquirirse por separado. Las tetinas tienen agujeros de distintas medidas para adaptarse a los diferentes bebés y también hay tetinas con distintas aberturas según la posición con que se cojan.

Alimentación y salud afectiva

Procura vivir en un ambiente relajado y sin estrés. Te ayudará a garantizar el buen desarrollo nutricional del embrión.

Hoy en día sabemos que el ambiente en el que vivimos influye directamente en la salud y la alimentación del bebé.

Aunque la corriente sanguínea de la madre está separada de la del bebé, a través de la placenta se transmiten moléculas microscópicas. Como revelan algunos estudios, los hijos de madres hiperactivas, o que han tenido trastornos anímicos durante el embarazo, pueden mostrar mayor irritabilidad e hiperactividad que los hijos de aquellas que han tenido un embarazo tranquilo. Esto quiere

decir que, si padeces estrés, podrías ocasionar problemas de alimentación o trastornos gastrointestinales a tu hijo.

No sólo es importante tu alimentación, también lo es el ambiente psicosocial en el que te desenvuelves. El trastorno emocional y la fatiga se reflejan igualmente en la salud del embrión, ya que existe una conexión neuro-humoral entre tú y el nuevo ser que habita en tu interior.

Mientras el bebé vive en el útero, recuerda, piensa, escucha y ve. Por eso, si el ambiente que te rodea es estresante, él vive estresado. Le resulta tranquilizador que hables con él y que le cantes, ya que a partir del cuarto mes de embarazo su aparato auditivo está muy desarrollado.

Trinidad leyó un día que podía estimular a su bebé desde antes de nacer a través de la lectura de poemas y cuentos. Hizo el experimento y se dio cuenta de que, al leerle

Pasear, nadar o practicar yoga son actividades muy beneficiosas durante el embarazo.

cuentos, ella misma se tranquilizaba cuando se sentía angustiada o estresada; además, descubrió que se sentía más cerca de su hija. A veces siente cómo se mueve mucho en su vientre y cómo, al leerle, enseguida se tranquiliza, como si estuviera atenta a cada palabra. Otra manera de relacionarte con tu hijo es mediante la música. Los bebés reaccionan al escuchar notas musicales a partir del quinto mes de embarazo, aproximadamente. Al octavo mes, se ha comprobado que algunos siguen el ritmo de la música y muestran preferencias o desagrado según el estilo.

Los antojos

¿Deseos irresistibles de fresas, chocolate o pepinillos en vinagre?
Sean cuales sean tus antojos, no olvides la comida sana.

> Los especialistas aseguran que no han encontrado síntomas de pica en aquellas personas que llevan una dieta nutricional adecuada.

Ceci se encuentra en su decimotercera semana de embarazo y le encantan los refrescos, aunque antes no le gustaban. Fernanda no tiene antojos y ya lleva algunos meses embarazada; a ella le preocupa no sentir deseos irresistibles de comer. No le ocurre lo mismo a Beatriz, que no puede pasar un día sin tomar naranjas, pasta y espinacas. ¡La enloquecen! A María le habían dicho que tendría antojos sólo durante las primeras cuatro semanas de embarazo, y no es así; lleva dieciséis y todo lo que se le antoja, una vez que lo come, le produce asco.

Como todavía no hay una explicación sobre el origen de los antojos, algunas mujeres piensan que se deben a necesidades o requerimientos nutricionales. Otras creen que sólo se trata de caprichos, mientras que algunos investigadores sostienen que, posiblemente, puedan deberse a factores hormonales.

Los antojos no son peligrosos, siempre y cuando no descuides una dieta equilibrada que incluya los grupos alimenticios básicos y no supere un aporte extra de 300 calorías al día sobre tus necesidades normales.

No te pelees con tus antojos, a no ser que se trate de alimentos hipercalóricos o no recomendados durante el embarazo. Si los tienes, trata de satisfacerlos en la medida de lo posible, pero evita caer en un desorden alimentario.

Los alimentos que más se te pueden antojar durante estos nueve meses son las frutas ácidas, los productos derivados de la leche, los dulces y la comida muy condimentada. La carne también es de los productos más seductores durante este periodo. Hay algunas mamás que prefieren tomar cosas frías o, como le ocurre a Ceci, bebidas gaseosas, ya que la ayudan a disminuir las náuseas y los vómitos.

Existe otro tipo de casos a los que sí hay que prestar especial atención, como el de Elena, que siente deseos casi irrefrenables de comer a cucharadas el detergente para la ropa y logra vencer este impulso chupando un poco de limón. Lo que ella se toma a broma es en realidad un padecimiento que normalmente vinculamos con una mala costumbre de los niños. Se conoce como

«pica» y es algo más común de lo que piensas, además de estar relacionado con los antojos durante el embarazo. Se caracteriza por sentir deseos de ingerir arcilla (ladrillos), tierra, polvo o hielo, entre otros productos no comestibles. Para algunos nutricionistas, podría deberse a una falta de hierro y calcio en el cuerpo o a deficiencias de minerales o de serotonina. Existen muchas variedades de pica. Entre las más comunes están la geofagia, que se caracteriza por comer tierra, la onicofagia, cuando se comen las uñas, la cautopirofagia, o deseo compulsivo de ingerir fósforos quemados, la litofagia, o deseo de comer piedras, y la xilofagia, que padecen quienes sienten necesidad de comer madera. La detección de este trastorno resulta muy difícil, ya que la mayoría de las mujeres lo callan o, simplemente, no le dan importancia. Lo que sí aseguran algunos especialistas es que no han encontrado síntomas de pica en aquellas personas que llevan una dieta nutricional adecuada. Por eso, es importante que no descuides tu alimentación.

El síndrome de covada

Los antojos no son sólo un asunto femenino, también los sufren algunos papás. Se cree que éstos ocurren como una reacción inconsciente del futuro padre para comprometerse con el embarazo. Hay especialistas que consideran que este fenómeno se debe a las feromonas femeninas, a través de las cuales la mujer encinta estimula el apetito de su pareja. Las feromonas son consideradas hormonas de carácter social, ya que participan activamente en ciertos comportamientos sociales y tienen la capacidad de desencadenar emociones y recuerdos.

Los antojos no son peligrosos, siempre y cuando no descuides una dieta equilibrada que incluya los grupos alimenticios básicos.

Mayor necesidad de afecto

Muchos psicólogos aseguran que los antojos durante el embarazo se deben, principalmente, a que en esta época las mujeres se sienten más sensibles y necesitan más cariño y atenciones por parte de su pareja. Para vivir plenamente cada etapa de la gestación, es importante que te sientas cuidada, amada y con el respaldo absoluto de los que están más cerca de ti.

Ptialismo, mal de algunas

El ptialismo es un padecimiento poco frecuente que puede presentarse en los primeros meses de embarazo y prolongarse durante los meses posteriores al parto. Se trata de una producción excesiva de saliva, originada por la incapacidad para deglutir la producción natural de la misma como consecuencia, en los casos más graves, de la obstrucción del esófago. La mayoría de las veces, no obstante, la causa está en la boca y se puede diagnosticar mediante una exploración de la cavidad oral. Puedes usar desodorantes bucales, llenar regularmente la boca de agua o tomar pastillas de menta e incluso rodajas de limón, y no dejes de cepillarte los dientes a menudo. Reduce la ingesta de fécula, ya que se cree que ésta agrava el problema, y habla con tu médico.

¿Eres vegetariana?

Puedes alimentarte correctamente si llevas una dieta vegetariana, pero el médico puede sugerirte algunos complementos vitamínicos.

Llevar una dieta vegetariana no es incompatible con una alimentación sana y equilibrada. Emilia, por ejemplo, está en su segundo embarazo y le preocupa no alimentarse correctamente para que sus hijos nazcan sanos, así que prefiere no arriesgarse y ha optado por dejar de lado la opción vegetariana durante el embarazo. Pero no tienes por qué abandonar este tipo de dieta, aunque sí es necesario tomar algunas precauciones. Lo primero que debes considerar es que hay diferentes tipos de dieta vegetariana. Si consumes lácteos, no tendrás problemas. Si sigues un régimen vegetariano muy estricto o eres vegana, posiblemente tengas que buscar algunos suplementos de calcio y otros minerales, siempre y cuando tu médico te los recete.

¿Qué debes comer? Si tu dieta excluye cualquier producto de origen animal, debes saber que ningún vegetal por sí mismo puede proporcionarte las proteínas que necesitas. Lo mejor para asegurarte un consumo proteínico deseable es combinar los platos con cereales, verduras o legumbres. Igualmente, debes tener presente que necesitas una aportación aproximada de 1.200 gramos de calcio al día. Si eres ovolactovegetariana no tendrás ningún inconveniente para llevar a término tu embarazo sin problemas.

Si no consumes productos lácteos o huevo, el brócoli, los puerros, el sésamo o las espinacas son una excelente fuente de calcio, aunque éste se asimila peor; busca algas como la izike, la wakame o la arame, y bebe leche de soja enriquecida con calcio.

El hierro también es uno de los minerales difíciles de absorber por el organismo cuando no consumes alimentos cárnicos. En este caso, toma alimentos ricos en hierro (legumbres, nueces, verduras de hojas verdes y frutos secos) y combínalos con el aporte de vitamina C del zumo de naranja o de los tomates.

Para consumir vitamina B12, lo ideal es tomar suplementos o alimentos enriquecidos, como los derivados de soja o cereales. Ten cuidado, pues aunque algunas algas (como la espirulina y la nori) o fermentados de soja se anuncian como ricos en B12, hay estudios rigurosos que demuestran que no es del todo cierto.

El jengibre puede ayudarte a aliviar las náuseas durante las primeras semanas de embarazo si tomas alrededor de un gramo al día; en India y en China utilizan este remedio natural desde hace ya varios siglos. También se puede consumir en infusión o en dulces de jengibre y bebidas gaseosas fabricadas a partir de esta planta asiática. Pero sé prudente y no tomes más de dos gramos al día.

Como con todos los remedios naturales, consulta a tu médico o a la matrona cada vez que desees incorporar a tu alimentación alguna hierba.

¡Cuidado con los medicamentos!

Ten precaución con la ingesta de medicamentos. No te automediques y consulta siempre a tu médico; él te prescribirá los fármacos que puedas tomar y no perjudiquen la salud de tu bebé. El mayor riesgo que puede sufrir el feto se produce durante las primeras semanas de embarazo, cuando se están desarrollando los órganos más importantes; además, los investigadores no se ponen de acuerdo sobre el consumo de ciertos medicamentos porque no conocen con certeza qué consecuencias negativas podrían tener en la salud de los bebés. Aunque se piensa que algunos fármacos sin receta médica son inocuos, en realidad no existe la seguridad absoluta de que su consumo no entrañe riesgos. Por este motivo, no te arriesgues y no consumas medicamentos si no te los receta tu médico.

Es preferible tomar azúcar no refinado en lugar de edulcorantes artificiales.

Anisakiasis y toxoplasmosis

Los alimentos crudos pueden ser origen de complicaciones durante el embarazo. Algunos como el pescado crudo, ahumado, salado, en vinagre o poco hecho podrían contener anisakis, un parásito que afecta al tracto gastrointestinal además de a otros órganos y que podría producir anisakiasis. El pescado congelado elimina el riesgo de infección, por lo que su consumo es más seguro. Por su parte, la carne poco hecha puede ser fuente de toxoplasmosis, una enfermedad infecciosa ocasionada por el parásito *Toxoplasma gondii* que puede ocasionar lo que se conoce como toxoplasmosis neonatal en el feto.

La FDA (Food and Drugs Administration) ha clasificado los medicamentos según su grado de seguridad durante el embarazo:

Categoria A. Se consideran seguros. Incluye el ácido fólico, la vitamina B6 y algunos para el tiroides, siempre y cuando se tomen con moderación.

Categoria B. No causan defectos congénitos graves u otros daños en el feto. Incluye algunos antibióticos, el paracetamol, el aspartamo, la famotidina, la prednisona, la insulina y el ibuprofeno (que no se debe consumir durante los últimos tres meses de embarazo). No debes tomarlos sin consultar previamente a tu médico.

Categoria C. Tienen mayor probabilidad de ocasionar problemas a la madre y al feto, y en algunos no se han concluido los estudios de seguridad. No se deben consumir sin que lo valore el médico. Aquí se incluye la proclorperazina, el Sudafed, el fluconazol, la ciprofloxacina y algunos antidepresivos.

Categoria D. Presentan riesgo demostrado para el bebé. Incluye, entre otros, el litio, la fenitoína y sustancias que se emplean en quimioterapia para el tratamiento del cáncer (algunos se utilizan durante el embarazo, pero bajo un estricto control médico).

Categoria X. Causan defectos congénitos y están prohibidos. Entre otros, comprende medicamentos para el tratamiento del acné cístico y la soriasis, la talidomida y el estrógeno sintético dietilestilbestrol, o DES, que hace unos años se prescribía en Estados Unidos y Europa para prevenir el aborto espontáneo.

No están recomendadas ni la aspirina ni medicinas con salicilato. El ácido acetilsalicílico puede alargar el tiempo de embarazo y provocar hemorragias graves.

Alimentación
de 0 a 3 meses

Alimentación de 0 a 3 meses

capítulo dos

Alimentación de 0 a 3 meses

Amamantar al bebé garantiza el aporte de todos los nutrientes que necesita para crecer. Además, refuerza el vínculo afectivo entre madre e hijo y favorece el desarrollo emocional mutuo.

Acaba de nacer tu bebé. El momento más esperado de toda tu vida se ha hecho realidad. Ya puedes ver su rostro, sus manos, su pequeño cuerpo…, y se abre ante ti un mundo nuevo cargado de ilusión. Lo miras y quieres darle todo lo que necesita, te esfuerzas en ser una madre responsable y tienes miedo a equivocarte. Inmediatamente después del parto, el bebé atraviesa una etapa de mucha expectación. Se piensa que, al nacer, los niños están muy alerta; quizá sea éste el momento en que más lo están. Los recién nacidos son sensibles a la voz de su madre y a su calor. Si lo acaricias con ternura y le hablas —incluso mientras lo amamantas—, fortalecerás el lazo emocional que os une y que os permitirá a ambos iniciar la fascinante e irrepetible experiencia de conoceros.

A los pocos minutos del alumbramiento, el equipo médico comprobará la salud de tu hijo. Uno de los primeros datos que toman es el peso del bebé. Esta información es importante porque refleja, en términos generales, su estado de salud. Tu condición física, tu alimentación durante el embarazo, la herencia genética, además de la raza y el sexo, son factores que influyen en el peso de tu hijo al nacer. Se considera normal cuando está comprendido entre los 2,5 y los 4 kg, pero, como éste no es el único criterio a valorar, serán los especialistas los que determinen si ha nacido en buen estado de salud.

No es raro que después de dar a luz te sientas triste e insegura, aunque todo haya salido bien. Si te encuentras irritable, fatigada y decaída días después del alumbramiento, podrías padecer depresión posparto. Habla con el médico o la matrona; ellos podrán valorar si necesitas algún tipo de ayuda adicional. En los casos más comunes, la lactancia materna es un buen paliativo contra este tipo de depresión, ya que favorece el desarrollo del niño, genera sentimientos de bienestar en la madre y fortalece el vínculo afectivo entre ambos.

Los beneficios de la leche materna son indudables para la salud y el desarrollo del niño. La lactancia te da la oportunidad de alimentar a tu bebé y, además, regalarle momentos de cariño y comunicación irrepetibles. Gracias al contacto con tu piel, el bebé puede percibir tu voz, tu olor y tu ritmo cardíaco, como en los días en los que se encontraba dentro de tu vientre; esta sensación lo reconforta y le hace sentirse tranquilo.

{ Nada más nacer se realiza la primera cura del cordón umbilical.

Test de Apgar

Al nacer, el equipo médico valora el estado de tu bebé a través de este examen, que fue creado a mediados del siglo XX por la doctora estadounidense Virginia Apgar. El estudio se realiza durante los primeros cinco minutos posteriores al alumbramiento y mide el ritmo cardíaco, la respiración, el tono muscular, la respuesta refleja y el color de la piel. A cada una de estas categorías se le asigna una calificación de 0, 1 o 2, siendo el 2 la respuesta óptima. La gran mayoría de los bebés obtienen una puntuación superior a 7, pero son pocos los que alcanzan 10, el valor máximo. Una puntuación baja en esta prueba podría estar relacionada con algún problema de salud.

Depresión posparto

Es una de las consecuencias emocionales más frecuentes después del embarazo; se cree que afecta al 13% de las mujeres. Se trata de una depresión atípica caracterizada por decaimiento, una sensación de inadaptación y desconsuelo y un sentimiento de incapacidad para atender al recién nacido. Aunque hay profesionales que recomiendan fármacos contra la depresión posparto y, por tanto, que se retire la lactancia materna, otros especialistas consideran que la crianza natural es tan beneficiosa que debería ser considerada como un instrumento terapéutico más para combatir este tipo de depresión.

Tabla del test de Apgar

SIGNO	0	1	2
Frecuencia cardíaca	Ausente	<101 /min	>101 /min
Respiración	Ausente	Lenta, irregular	Llanto
Tono muscular	Flacidez	Flexión de los miembros	Movimientos pasivos
Respuesta a estímulos	Sin respuesta a sonda	Muecas	Tos, estornudo al paso de sonda
Color de piel	Azul pálido	Color de piel rosado Extremidades azuladas	Completamente rosado

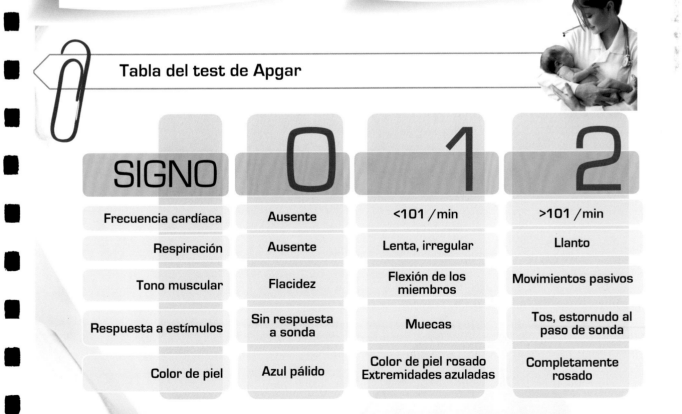

La primera toma

Según los especialistas, si al bebé se le ofrece el pecho materno
al nacer, por puro instinto sabrá cómo succionar y alimentarse.

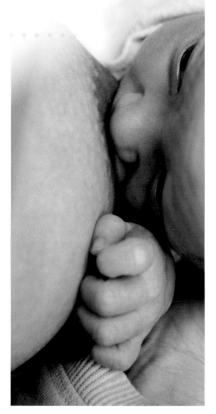

Después de que haya nacido tu bebé, y si se encuentra en perfecto estado de salud, lo recomendable es que no pase más de una hora sin ofrecerle el pecho. No importa si has tenido un parto natural o si te han practicado una cesárea. En el primer caso, puedes colocarlo como si lo fueras a dormir en brazos, con la cabeza apo-

*Lo ideal es que,
después del parto,
no pase más de una
hora sin ofrecerle
el pecho.*

La ayuda del sacaleches

Tu organismo responde a las necesidades de tu bebé. Esto no es mito, es una realidad. No te asustes si se te escapa la leche cuando lo escuchas llorar de hambre; es un reflejo corporal que se conoce como tener la leche «en su punto». Suele ocurrir a las horas en las que acostumbramos a dar de comer a nuestro bebé. Si estás separada de él, es una buena idea tener a mano un sacaleches y, así, poder conservar esa leche refrigerada o congelada para otro momento.

yada en el pliegue que forma el codo y el resto de su cuerpo sobre el antebrazo. Si lo vas a alimentar en esta posición, asegúrate de que su cuerpo está girado hacia ti y no hacia el techo. Si por el contrario tuviste un parto con cesárea, para alimentar a tu hijo necesitarás una o dos almohadas que te permitan apoyarlo y que te sirvan para proteger la herida de la cirugía. Puedes recostarlo sobre uno de tus lados, con su cara mirando hacia a ti. También es posible cogerlo como si fuera un balón de rugby o fútbol americano.

Cuando le acerques el pecho, el bebé abrirá la boca de manera instintiva. Debes tener cuidado de que su boca abarque también la areola y no sólo el pezón; así evitarás rozaduras y la succión será más efi-

caz. Esta primera toma es muy importante, ya que protege al bebé de posibles infecciones. Además, tu leche le proporcionará los nutrientes necesarios para evitar una bajada del nivel de azúcar en sangre.

Es probable que las primeras veces sientas dolor o molestias. Esto puede ser porque no se ha enganchado bien al pecho. Si es así, hay que separarlo suavemente colocando un dedo en la comisura de su boca y, después, volver a ponerlo frente al pezón. No te desesperes si tienes que intentarlo varias veces; es un proceso en el que participan dos y a veces lleva su tiempo. Las primeras ocasiones en que amamantes al bebé, puedes introducir toda la areola en su boca. Después, a medida que vaya creciendo, se acostumbrará a alimentarse

Leche inteligente

Las madres que han tenido un parto pretérmino, o prematuro, producen durante un tiempo leche con una composición diferente a la de aquellas que han tenido un parto normal. Esta leche tiene un mayor contenido de proteínas, grasas, calorías y cloruro sódico. El valor de los minerales y el de las vitaminas del grupo B es similar al de la leche que se produce tras un parto normal. La cantidad de vitaminas liposolubles, lactoferrina e inmunoglobulina A (lgA) es mayor que en la leche normal. Esta leche, además, es baja en lactosa y vitamina C.

directamente del pezón. También es normal que sientas algunas contracciones, pues la oxitocina, la hormona que hace que los conductos se contraigan para que salga la leche, es la misma que provoca las contracciones del útero.

Posiciones para amamantar

No existe una única posición para amamantar. Puedes probar cualquier postura, siempre y cuando te asegures de que él ha cogido bien el pecho y ambos estáis cómodos.

• **Sentada.** Es la posición que más se utiliza. Busca una silla o sofá cómodos en los que puedas apoyar firmemente la espalda e incorporarte un poco, para que el pecho vaya hacia delante y no quede plano. Si es posible, utiliza un reposapiés para que tus rodillas queden ligeramente elevadas. Muchas mujeres emplean un cojín para acercar al bebé y tenerlo bien apoyado contra su pecho; esto les permite no cansarse tanto durante la toma.

• **Acostada de lado.** Si te encuentras cansada o dolorida después del parto, ésta es la posición ideal. Túmbate de lado en una posición cómoda. Apoya la cabeza de tu hijo en una o varias almohadas y mantén elevado el brazo que queda por debajo. Con el otro brazo puedes sostener al bebé frente a ti, siempre de lado. Procura que su cabeza quede a la altura de tu pecho. Esta postura puede resultarte más cómoda si colocas una almohada entre tus piernas.

• **De pelota de fútbol americano.** Es recomendable para aquellas mujeres que han sido sometidas a una cesárea, debido a que así el peso del bebé no presiona el abdomen. También es una buena postura si tus pechos son grandes o si tienes que amamantar a gemelos, bebés prematuros o con bajo peso al nacer. En esta postura, la cabeza del bebé reposa en una de tus manos y el resto de su cuerpo a lo largo del antebrazo (del mismo modo en que los jugadores de fútbol americano o *rugby* sostienen el balón mientras corren, de ahí su nombre).

Los tres tipos de leche

No toda la leche que producimos es igual. La primera se llama calostro y, al cabo de unos días, se transforma en leche madura.

El contenido de proteínas, grasas, vitaminas y otras sustancias minerales es más elevado en el calostro que en la leche normal.

Gracias a sus propiedades beneficiosas, el calostro es oro líquido. Se trata de la primera leche que producen las glándulas mamarias después de dar a luz. Su composición química es diferente a la de la leche madura, principalmente porque posee gran cantidad de carotenos, los responsables del color amarillento que lo caracteriza. También tiene muchas proteínas, como albúminas y globulinas.

El calostro es fundamental para la alimentación del recién nacido, ya que contiene lactoglobulina, que garantiza una inmunidad pasiva contra ciertas enfermedades. Por ejemplo, es la única sustancia con la que tienes la seguridad de que el bebé no tendrá problemas de diarrea.

El contenido de proteínas, grasas, vitaminas y otras sustancias minerales es más elevado en el calostro que en la leche normal. También es rico en glóbulos blancos (o leucocitos), linfocitos, monocitos e histiocitos.

El calostro se produce en una cantidad de 2 a 20 ml por toma, lo que resulta suficiente para satisfacer las necesidades del recién nacido, puesto que sus riñones todavía están inmaduros y no pueden procesar grandes cantidades de líquido. Tiene menor contenido energético, lactosa, lípidos, glucosa, urea, vitaminas hidrosolubles y nucleótidos que la leche natural; no obstante, es más rico en proteínas, ácido siálico y vitaminas liposolubles E, A y K.

Además, facilita la expulsión del meconio (primeras heces del bebé después de haber nacido y previas a los desechos del calostro) y ayuda a prevenir la hiperbilirrubinemia neonatal, que es común en el 60-70% de los neonatos y que no es sino un aumento del nivel de bilirrubina por encima de los 2 mg/dl durante los primeros días de vida. Cuando la cantidad de bilirrubina alcanza los 5 mg/dl se conoce con el nombre de icteria.

Con el paso de los días el calostro se va convirtiendo en leche normal. Entre los días 4 y 15 posteriores al parto, producirás una leche que se conoce como «de transición». Entre el cuarto y el sexto día notarás un aumento significativo en la producción de leche. No tienes por qué preocuparte, es lo que se conoce como «subida de la leche». A partir de aquí, la producción seguirá aumentando hasta alcanzar un volumen de 600 a 700 ml/día.

La composición de esta leche irá variando paulatinamente

hasta convertirse en leche madura, que ya contiene todos los requerimientos nutricionales que precisa tu hijo para estar bien alimentado durante varios meses. Si el parto fue gemelar, la producción de leche será suficiente para alimentar a cada uno de tus hijos.

Hay que señalar que la leche de una misma toma no es toda igual. Al principio, lo que succiona el bebé le permite saciar la sed y el hambre; después, sale la leche más cremosa y nutritiva. Es importante que el niño beba todo lo que quiera del primer pecho antes de ofrecerle el segundo. Así te aseguras de que recibe la leche más nutritiva. Por regla general, la producción de leche no se considera normalizada hasta pasados cinco días después del parto. Durante este periodo, el total de sólidos, especialmente la proteína globulina, desciende notablemente mientras aumenta el contenido de lactosa.

Al principio, las tomas serán más lentas, por su falta de experiencia y por el tiempo que tarda en salir la leche; pero, con el tiempo, seréis unos expertos. Cuando empieces a amamantar, podrás sentir cómo se va llenando el pecho de leche. Esta sensación irá disminuyendo conforme pase el tiempo. Al final, tu organismo únicamente producirá la leche que tu hijo necesite. Si notas el pecho congestionado, no dejes de dar de mamar al bebé, ya que ésta es la mejor manera de descongestionarlo. Como no es una sensación agradable, para disminuir las molestias, date un baño caliente después de la toma y colócate paños de agua tibia sobre el pecho. Si sientes que el pecho está muy lleno

Cuidemos nuestro pecho

Después del cuarto día de lactancia, es probable que notes que tu pecho está más firme. Si gotea, puedes usar un protector de lactancia, o un pañuelo doblado, dentro del sostén. Estos protectores deben cambiarse constantemente. Además, los de plástico no permiten que el pecho transpire y podría irritarse. Siempre que sea posible, lo mejor es dejarlo secar al aire. También es buena idea aplicar un poco de calostro o lanolina para evitar que los pezones se resequen.

antes de amamantar a tu bebé, puedes extraer un poco de leche para facilitarle la succión.

{ *La composición de la leche irá variando día tras día hasta convertirse en leche madura.*

Si es un bebé prematuro...

Es probable que requiera asistencia médica durante algunos días y tenga que estar en incubadora o aislado. Seguramente será un periodo difícil, porque no lo podrás abrazar, amamantar o acariciar. Lo mejor es que estés cerca de él, que le hables y le cantes, aunque sea durante poco tiempo. De acuerdo con algunas investigaciones, si tienes contacto con él le ayudarás a progresar más rápidamente. No debes dejarte intimidar por la incubadora; si te lo permiten, amamántalo o pídele a las enfermeras o a la matrona que te ayuden a extraerte la leche para que se alimente y estimule con ella. Es lo mejor, aunque no sea capaz de mamar; además, la leche pretérmino o prematura es más eficaz que el calostro de las madres de los nacidos a término.

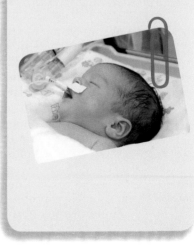

Beneficios de la lactancia

La leche materna es el único alimento que cubre al cien por cien todos los requisitos nutricionales del bebé.

La lactancia natural es lo mejor para el bebé y para la madre. La leche materna es nutritiva, fácil de digerir y reduce el estreñimiento. Con esta leche, el recién nacido recibe anticuerpos que lo protegen de posibles infecciones del tracto urinario, así como de tos y resfriados. Hay estudios que aseguran que existe menor riesgo de muerte súbita en los bebés que son amamantados de manera natural. Asimismo, al darle el pecho disminuyen las posibilidades de que tu pequeño pueda padecer alergias, asma o eccema, una reacción de hipersensibilidad en la piel que produce una inflamación que dura varios días. Pero para ti también es bueno dar el pecho, ya que ayuda a que el útero se contraiga y favorece la pérdida de peso. Además, muchas investigaciones aseguran que amamantar reduce la posibilidad de padecer cáncer de mama.

Al mamar, el bebé estimula la producción de la hormona prolactina, que manda señales a nuestro pecho para que produzca más leche. También estimula la producción de oxitocina, responsable de la contracción de los conductos de la leche para liberarla hacia los pezones. Así, cuando el bebé mama está garantizando el abastecimiento de su propio alimento. Es probable que cuando estés amamantando notes una sensación de hormigueo en los pechos. Es un fenómeno muy normal, asociado a la liberación de oxitocina, al que algunos expertos llaman «reflejo de la lactancia».

Otra ventaja de amamantar es que te ayudará a recuperar con mayor rapidez el peso anterior al embarazo, sin necesidad de imponerte dietas rígidas; además, la leche siempre estará a disposición de tu hijo y a la temperatura perfecta.

Hay matronas que recomiendan que se inicie la lactancia ya desde la sala de partos. Entre los beneficios para la madre que se obtienen está el hecho de que facilita la expulsión de la placenta, previene hemorragias y favorece la involución uterina.

Mamoplastia y lactancia

La reducción mamaria es una frecuente intervención quirúrgica estética. En este caso, existe un alto porcentaje de riesgo de que las madres que se hayan hecho una mamoplastia no puedan amamantar a sus hijos. Esto se debe al tipo de intervención. Si se realiza con cirugía tradicional de reducción mamaria, con incisión en ancla, puede afectar a la capacidad de producción láctea, ya que se extirpan muchos conductos galactóforos. No ocurre lo mismo con las reducciones mamarias con incisión vertical, porque una porción del pezón permanece unida a dichos conductos. Si se realiza una reducción mamaria con liposucción, la mayor parte del tejido glandular y conectivo se conserva intacto, así que queda garantizada la producción de leche y la posibilidad de un amamantamiento seguro.

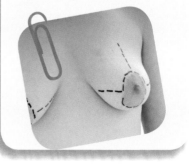

¿Cuándo no amamantar?

- Cuando la madre es portadora del virus de la inmunodeficiencia humana (VIH) o cuando es seronegativa para el citomegalovirus (CMV). Se cree que la pasteurización de la leche inactiva el CMV y su congelación a -20 °C disminuye los niveles víricos, pero no está comprobado.

- En mujeres seropositivas del virus linfotrópico de células T humano tipo I, un retrovirus asociado al desarrollo de neoplasias malignas y enfermedades neurológicas en adultos. Cuando la madre es portadora del tipo II, no está claro el índice de transmisión y el momento de la misma.

- Con virus del herpes simple tipo I. Las mujeres con lesiones herpéticas en el pecho no deben amamantar y tienen que cubrir las lesiones activas que tengan en cualquier parte del cuerpo.

- Con galactosemia. Los bebés que padezcan esta enfermedad no deben ser alimentados con leche materna, ya que no pueden metabolizar la lactosa.

- Tampoco es recomendable amamantar si la madre consume drogas, como anfetaminas, cocaína, heroína, cannabis y fenciclidina.

Implantes de silicona

Si tienes implantes de silicona, tal vez puedas amamantar a tu bebé, aunque no depende del material de los implantes, sino del tipo de cirugía que te hayan practicado. Si te hicieron la incisión debajo del pliegue del pecho o a través de la axila, no hay inconveniente. Si la incisión fue alrededor de la areola, puedes tener problemas, porque esta operación suele dañar los conductos de la leche y los principales nervios del pecho. En este caso, lo mejor es que hables con tu médico.

La leche materna: un regalo de la vida

- Disminuye la incidencia y la gravedad de las infecciones.
- Mejora el funcionamiento del sistema inmune.
- Garantiza una buena nutrición y un crecimiento adecuado.
- Reduce la incidencia de enfermedades crónicas, principalmente la diabetes tipo 1 y 2, la celiaquía, la enfermedad inflamatoria intestinal y el cáncer infantil, además de prevenir enfermedades alérgicas como el asma.
- Facilita el crecimiento y el desarrollo del cerebro debido a los ácidos grasos poliinsaturados de cadena larga que contiene.
- Produce menos casos de reflujo gastroesofágico o éste es más leve.

Técnicas y posiciones

Es probable que al dar el pecho sientas alguna molestia, como irritación o agrietamiento. Esto puede deberse a una mala postura al amamantar.

A Raquel le salieron grietas cuando amamantó a Santiago. Como las cremas no la ayudaban, habló con su matrona y ella le aconsejó que cada vez que terminara una toma dejara que el pecho se secara al aire. Funcionó a la perfección y, en dos días, las grietas desaparecieron y no le volvieron a salir.

Es posible que al amamantar se te produzcan grietas en el pezón. Una de las razones de ello, además de la irritación de la piel, puede ser que el bebé no se enganche bien al pecho. También puede deberse a una posición incorrecta mientras lo estás amamantando; la forma de dar el pecho es esencial para evitar este tipo de problemas y muchas molestias pueden prevenirse adoptando una postura adecuada. No olvides que una buena técnica de amamantamiento permite el correcto vaciado del pezón. No es fundamental la posición que adoptes siempre y cuando el bebé y tú os encontréis cómodos y, preferiblemente, con todo el cuerpo del niño apoyado sobre ti, ombligo con ombligo. Si la postura que adoptas te resulta incómoda, puedes tener dolores de espalda. Conseguirás que el bebé se agarre bien si lo giras hacia ti, con su cabeza y su cuerpo en línea recta, y con cuidado de que el cuello no esté torcido. En realidad, el niño debe estar más extendido que flexionado y su nariz debe apuntar hacia el pezón.

Cuando comiences la lactancia, no es conveniente que establezcas horarios rígidos. Ten presente que cuanta más succión haya, más leche se producirá. Tu bebé necesita alimentarse día y noche. Si notas que duerme más de día que de noche, es normal. Sin embargo, es posible ayudarle a cambiar los horarios si le das más pecho a lo largo del día que durante la noche.

No olvides que una buena técnica de amamantamiento permite el correcto vaciado del pezón.

Lo importante es que el bebé y tú os encontréis cómodos.

Recomendaciones para la extracción de leche

1 Lávate las manos con agua y jabón para evitar la transmisión de infecciones.

2 Ten a mano un recipiente bien lavado, con tapadera, a ser posible esterilizado previamente.

3 Elige un lugar tranquilo donde puedas estar relajada. Esto ayudará a que la leche salga más fácilmente.

4 Para estimular la producción de leche, puedes realizar masajes circulares alrededor de la areola y, después, desde la base del pecho hacia el pezón. Estimula el pezón estirándolo y pellizcándolo muy suavemente entre los dedos.

5 Con una mano, sostén el envase, inclina tu cuerpo y fija el pecho en el recipiente.

6 Con el pulgar sobre la mama y el resto de los dedos por debajo de la misma, comprime el exterior de la areola.

7 Repite el movimiento de manera rítmica, rotando la posición de los dedos alrededor de la areola, para vaciar todo el líquido.

8 Alterna los pechos cuando notes que ha disminuido el flujo de leche y repite el mismo proceso. Ten cuidado de no frotar la piel y nunca presiones a la altura del pezón (siempre antes de éste), ya que podrías hacerte daño y limitarías la salida de la leche.

9 Después de la extracción, vierte unas gotas de leche en las yemas de los dedos y humedece con ellas la areola y el pezón. Deja secar el pecho al aire.

10 Debes extraerte la leche las mismas veces que tu hijo necesita alimentarse. No lo olvides, cuanta más leche se extrae del pecho, más se produce.

11 Si estás fuera de casa, puedes transportar la leche a temperatura ambiente, pero sólo durante espacios cortos de tiempo.

Si estás fuera de casa, la leche sólo se puede transportar durante periodos cortos de tiempo. Lo ideal es que pongas el envase que contiene tu leche dentro de una fiambrera o aislante, con hielo en el interior para que no se eche a perder.

Extracción con sacaleches

Si vas a utilizar un sacaleches, comienza la sesión con un masaje suave en el pecho, desde la periferia hacia el pezón. Luego, coloca el sacaleches y realiza succiones cortas y suaves. Lo más probable es que al principio no salga leche. Poco después, notarás un ligero cosquilleo y que el pecho se endurece; entonces, empezarán a salir las primeras gotas. Inicialmente pueden sentirse molestias, pero desaparecen con el tiempo. Cuando deje de salir leche de un pecho, comienza con el otro. De cualquier manera, no dejes de leer las instrucciones del fabricante.

¿Cuánto dura la leche?

A temperatura ambiente: 12 horas.
• En la nevera: 4 días.
• En el congelador: 14 días.
• En el congelador de frigoríficos «combi» (nevera y congelador separados y con dos puertas): 3 meses.

Una vez extraída la leche, debes guardar el envase en el frigorífico (preferentemente en la zona más fría y no en la puerta). Se almacena en cantidades similares a las que nuestro hijo consume en cada toma, generalmente de entre 120 y 150 ml. Una buena idea es marcar cada recipiente con la fecha de la extracción. Si no se va a utilizar antes de cuatro días, es mejor que la congeles.

Es normal que, cuando se almacena la leche, ésta pierda su aspecto homogéneo y, por lo mismo, aparezcan tres capas de líquido. Puedes agitarla para que se mezclen y recuperar el aspecto natural de la leche. Nunca calientes la leche directamente en el fuego o en el microondas, ya que pierde sus propiedades inmunológicas; es mejor que calientes el biberón en un recipiente con agua tibia. Para descongelarla, los expertos recomiendan que se haga gradualmente; lo mejor es sacar el envase del congelador y dejar que se descongele en la nevera. Una vez descongelada, no se puede volver a congelar y sólo se dispone de 24 horas para utilizarla.

Señales de un agarre adecuado

1 El mentón del bebé toca tu pecho.

2 Su boca está muy abierta.

3 Labios hacia fuera o evertidos.

4 Mejillas redondas o presionadas contra el pecho.

5 Más areola visible por encima de la boca.

6 El pecho debe estar redondeado por la presión que ejerce el bebé.

Mamá sana, bebé sano

Si adoptas una dieta equilibrada, asegurarás un futuro con menos enfermedades para tu hijo.

El día que Margarita dio a luz, le preguntó a su ginecólogo si era necesario que prestara especial atención a su alimentación durante la lactancia de Ricardo. El especialista le contestó que debía mantener una dieta equilibrada y evitar someterse a regímenes de adelgazamiento.

Tu alimentación es fundamental para el bebé y para ti misma. Tras el parto y durante el periodo de amamantamiento, debes alimentarte de manera sana. Esto aumentará tu energía, le devolverá el brillo a tu piel y a tu cabello y contribuirá a mantener fuertes y sanos tus huesos y tus dientes. Un régimen equilibrado debe ser rico en frutas y verduras y no has de dejar de combinar carbohidratos, como pan, patatas o pasta (mucho mejor si ingieres cereales integrales); igualmente, es necesario incluir lácteos, como queso, yogur o leche, y proteínas de origen animal, presentes principalmente en la carne roja y el pescado.

Todo lo que comas repercutirá en la alimentación de tu bebé y en el buen funcionamiento de su aparato digestivo. Es mejor que evites comidas picantes o alimentos que producen flatulencias (como las legumbres o el repollo). Si sospechas que algún tipo de comida no le sienta bien al bebé, es mejor que busques la manera de sustituirlo por otro y que consultes con el médico. Por ejemplo, si eres vegetariana y no tomas lácteos, lo ideal es que consumas verduras de hoja verde o productos de soja. Si comes frutos secos, ayudarás a disminuir el riesgo de que el bebé desarrolle alergias. Debes beber mucho líquido y, en la medida de lo posible, evitar las bebidas con cafeína. Si bebes alcohol en cantidades importantes, podría afectar a la producción de la leche; lo mejor es que no tomes más de una copa de vino de dos a cuatro veces por semana y, preferiblemente, dos o tres horas antes de amamantar.

Algunas mamás se angustian porque han subido mucho de peso durante el embarazo y quieren recuperar la figura en

Consigue que tu bebé se agarre al pecho

¿Cómo se puede saber que un bebé está bien cogido al pecho? Tienes que comprobar que su labio inferior queda por debajo del pezón y que gran parte de la areola se encuentra dentro de su boca, la cual seguramente estará muy abierta. Debe quedar más areola visible por encima del labio superior que debajo del labio inferior.

el menor tiempo posible. Pero, mientras estés amamantando, no es momento para descuidar tu alimentación ni hacer un régimen riguroso. El médico o un nutricionista pueden diseñarte una dieta adecuada a tu nueva condición vital que te facilite perder peso de forma razonable sin que la calidad y la producción de la leche se vean comprometidas, y tampoco tu salud.

Aporte nutricional de la leche materna

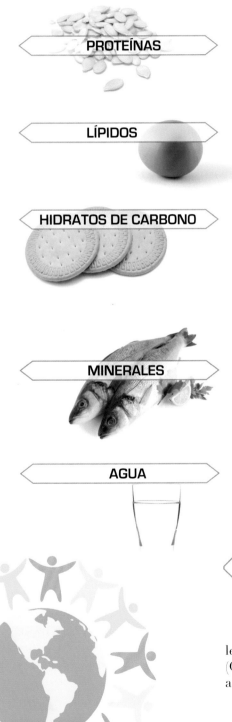

PROTEÍNAS

Contienen aminoácidos esenciales con factores inmunológicos y son un vehículo para las vitaminas B12 y D. Aportan hormonas, actividad enzimática y otras actividades biológicas como las de la insulina y factor de crecimiento epidérmico.

LÍPIDOS

Constituyen la mayor fracción energética de la leche y alcanzan hasta el 60% del total de la energía. El 97-98% de los lípidos son triglicéridos. La leche materna es la única fuente exógena de estos ácidos grasos durante los primeros meses de vida.

HIDRATOS DE CARBONO

La lactosa es uno de los constituyentes más estables de la leche materna. Representa casi el 70% del contenido total de hidratos de carbono y alcanza una concentración de 68 g/l. La lactosa de la leche materna parece digerirse con menor rapidez que la de la leche artificial y resulta más eficaz para la absorción mineral.
La presencia de lactosa aumenta la absorción de calcio y fósforo y disminuye el pH, lo cual reduce la posibilidad de crecimiento de bacterias patógenas.

MINERALES

Contiene una gran cantidad de calcio, fósforo y magnesio. A medida que la
lactancia progresa, las concentraciones de fósforo disminuyen y aumentan
las de calcio y magnesio.

AGUA

La leche materna contiene un 87-88% de agua y aporta la cantidad que el niño necesita para su hidratación.

Recomendaciones de la OMS

La leche materna contiene todos los requerimientos nutricionales del bebé. Por este motivo, la Organización Mundial de la Salud (OMS) recomienda que antes de los seis meses de edad alimentemos a nuestros hijos sólo con pecho.

El biberón es una excelente opción

No tienes por qué obsesionarte con dar el pecho, sobre todo si esto no es posible. La leche artificial es un buen sustituto.

La lactancia artificial consiste en alimentar al bebé con una leche diferente a la materna. Elegir este tipo de alimentación puede ser fruto de una decisión personal; entre otras razones, porque no te apetezca dar el pecho, porque pienses que es más sencillo que la lactancia natural, porque creas que amamantar requerirá mucho tiempo y disposición o incluso porque te parezca que va a ser muy cansado. No es algo malo que decidas darle leche de fórmula al bebé. Gracias a los avances de la industria alimentaria infantil, puedes criar a tu hijo de manera saludable con biberón y satisfacer todas sus necesidades nutricionales. De la misma manera, también es posible fortalecer con este tipo de alimentación el vínculo afectivo que os une.

Algunas mamás no pueden alimentar a sus hijos de manera natural por razones de salud. Hay quienes, como Rosa, tienen que tomar fármacos durante cierto tiempo. Otro de los motivos es que padezcan enfermedades como la epilepsia, un trastorno para el que los médicos se ven obligados a administrar medicamentos incompatibles con la lactancia natural. La depresión crónica es otra de las afecciones en las que no es recomendable la lactancia, ya que el tratamiento con antidepresivos no lo permite. Si padeces alguno de estos trastornos, es importante que consultes con el pediatra sobre la conveniencia o no de alimentar a tu hijo con leche natural. Si no estás en condiciones óptimas para dar el pecho a tu hijo, no debes hacerlo, sobre todo si el médico lo desaconseja. A veces, no obstante, el facultativo puede sustituir los medicamentos por otros compatibles con la lactancia.

Pero no sólo depende de tu condición física que tu hijo pueda ser amamantado o no. Su propio estado de salud puede ser otro factor limitante. Hay pequeños que tienen fisura palatina o deformidad en la mandíbula y la boca, lo que no les permite succionar directamente del pezón.

Si en algún momento consideras que la cantidad de leche que produces es insuficiente para que el bebé se alimente correctamente, o si notas que no crece de manera adecuada, es importante que consultes con el pediatra; quizá pueda deberse a una deficiencia alimentaria tuya.

Para alimentar a tu hijo con leche artificial debes lavarte las manos, asegurarte de que usas agua cien por cien potable y respetar siempre las cantidades de leche artificial que indica cada marca. Un biberón ya preparado puede ser almacenado en la nevera durante 24 horas, pero ha de ser desechado después de haberlo calentado. La temperatura del biberón ha de ser lo más cercana posible a la de la leche materna, es decir, unos 37 °C. Procura que la tetina esté siempre llena de leche y no haya aire, para evitar que tu hijo lo trague y le provoque cólicos.

¿Qué tetina utilizar?

Las tetinas imitan la forma y el funcionamiento de los pezones. Las hay redondeadas o anatómicas. Hasta los tres meses de edad, lo recomendable es que utilices una de pequeño tamaño, que sea más blanda y que tenga un orificio pequeño. El agujero de la tetina debe permitir la salida de la leche en gotas y no a chorro, ya que podría hacer que el bebé se atragantara. Las tetinas clásicas son de caucho, pero también las hay de silicona. Las primeras son suaves al tacto y similares al pecho materno. Las de silicona son más resistentes al calor y no absorben olores. Lo mejor es que busques aquellas que mejor se adapten a tu hijo, para evitar que trague aire y padezca de cólicos constantemente.

Tipos de biberón

Existen muchas clases de biberones. La mayoría son de cristal o de plástico y su tamaño oscila entre 100 y 350 cm³. Los de cristal están indicados para los primeros meses de vida del bebé, porque eres tú quien los sostiene y se esterilizan fácilmente. Los de plástico no se rompen al caer y son perfectos para cuando el pequeño ya coge el biberón por sí mismo. Si utilizas leche de fórmula, te serán más útiles los biberones de cuello ancho, pues permiten verter la leche en polvo sin que ésta se derrame.

Si no das pecho a tu bebé, necesitas...

- **Cepillos:** Están diseñados para realizar una limpieza completa y evitar riesgos de contaminación.
- **Biberones:** Lo ideal es que compres seis, como mínimo, para que no los tengas que lavar constantemente.
- **Tetinas:** Hay que comenzar con tetinas de flujo lento (para evitar que el recién nacido trague aire y le provoque gases). Conforme vaya creciendo, podrás utilizar tetinas de flujo más rápido. Te recomendamos que adquieras las de flujo variable.
- **Materiales de esterilización:** Los más comunes son los de vapor o de microondas. Las pastillas o los líquidos esterilizantes son muy útiles si te vas de viaje.
- **Leches de fórmula:** Todas tienen un contenido similar y se parecen a la leche materna. El pediatra te indicará cuál es la mejor para tu hijo, sobre todo si necesita algún aporte vitamínico especial o es intolerante a la lactosa.
- **Baberos:** Evitan que el bebé se manche con la leche.
- **Trapos:** para proteger tu ropa cuando le quites los gases.

biberón

| VENTAJAS | INCONVENIENTES |

Da la oportunidad al papá de participar en la maravillosa experiencia de alimentar a su hijo.

Implica un gasto en leche y, en lugares donde no existe, también en agua potable.

Controlas perfectamente lo que el bebé toma y estás tranquila sabiendo que ha comido la cantidad necesaria para su buen desarrollo.

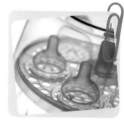

Las deposiciones y la orina del bebé pueden tener mal olor.

Permite que otros miembros de la familia puedan participar también de esta experiencia.

Hay que limpiar, esterilizar y preparar cada biberón.

La leche artificial no contiene anticuerpos que refuercen el sistema inmunológico de tu hijo. Además, su sabor y sus componentes nutricionales son siempre los mismos; en la leche materna ambos se modifican de acuerdo con lo que tú comes.

Te da más libertad y facilita tu movilidad, sobre todo si tienes que ir a trabajar.

Cómo dar el biberón

Procura tener la espalda bien apoyada en una superficie rígida. Acomoda al niño en tu brazo como si fueras a acunarlo (la cabeza debe quedar más alta que el cuerpo). Es muy bueno mantener el contacto visual con el bebé y hablarle constantemente. Al principio, los músculos del niño aún no son fuertes, por lo que debes sujetar el biberón de tal manera que la leche llene la tetina, sin que quede aire. Es completamente necesario respetar el ritmo de succión del niño. En algunas ocasiones, notarás que deja de absorber la leche. En este caso es suficiente con acariciar su mejilla para que comience a succionar de nuevo.

La leche artificial

A veces no se puede alimentar al bebé de una manera natural. Aunque la leche materna es insuperable, la leche artificial también garantiza una buena nutrición.

Alicia estaba sola en Francia cuando nació Emilio. Pasó un posparto complicado porque se sentía muy débil. Para recuperarse, a los trece días de haber dado a luz tuvo que interrumpir la lactancia natural y alimentar a Emilio con leche artificial. Hoy, Alicia confirma que su hijo es un niño sano y que ella confía plenamente en la leche artificial.

La leche de fórmula para los recién nacidos está compuesta por proteínas de suero, que son altamente digestivas.

¿Has decidido sustituir la lactancia natural por leche artificial?

Cuando decides suprimir la lactancia inicias la etapa conocida como «destete», mucho más frecuente a partir de los cuatro meses, que es cuando la mujer se incorpora por ley a su puesto de trabajo. El cambio de leche materna a artificial lleva dos semanas como mínimo, para que la producción de leche vaya disminuyendo gradualmente. Durante este tiempo, tu hijo puede irse acostumbrando a la textura de la tetina y al sabor de la nueva leche. Si rechaza el biberón, una opción es que otra persona se lo dé mientras no estás presente, para que no huela tu leche. Puedes comenzar con un biberón por día, cuando el bebé no esté cansado; días después, es el momento de sustituir otra de las tomas por un biberón (la que decidas). Al cabo de una semana, hay que combinar la lactancia con el biberón, pero el pecho sólo por la mañana y por la noche. Otra semana después, ya puedes retirar el pecho por completo. No debes ser estricta en tiempos y horarios. Lo mejor es ir observando cómo reacciona el bebé; él nos indicará cuándo podemos retirar la leche materna completamente. También es posible que desde su nacimiento hayas intercalado leche materna y artificial. En este caso, lo recomendable es que combines ambas: cuando estés presente, dale el pecho, y cuando no estés con él, que tome biberón. Así se abre una oportunidad para que otras personas del entorno del niño lo alimenten y establezcan un vínculo afectivo más profundo con él.

¿Problemas para amamantar?

Dar el pecho es una experiencia única. A veces puede provocar
molestias, pero si consigues contrarrestarlas,
lo disfrutarás doblemente.

Algunos niños pueden morder el pecho con frecuencia, aunque otros nunca lo hacen o lo hacen de manera aislada, lo que para la mayoría de las mujeres no deja de ser una experiencia desagradable. Para evitar que se produzca esta situación, lo mejor que puedes hacer es dar el pecho en un cuarto tranquilo, con luz tenue y sin ruidos, y dedicarte únicamente a amamantar a tu bebé, sin interrupciones. Es importante que des el pecho con frecuencia para que haya una adecuada producción de leche y tu hijo no tenga dificultades para succionar. También es recomendable que detengas la lactancia en cuanto muestre señales de haber quedado satisfecho. La mayoría de las veces, un bebé que muerde lo hace porque no tiene hambre.

Aunque tu bebé es muy pequeño, puedes decirle suavemente que no muerda y dejar de sonreírle; aunque no te lo creas, los bebés reaccionan ante este tipo de estímulos. Otra opción es que le retires el pecho de la boca, con delicadeza, y luego se lo vuelvas a ofrecer. Puede ser útil que tomes nota de si existen otros factores que acompañan a los mordiscos, como la hora del día, la posición empleada o el nivel de interés. Si es así, procura no darle el pecho en esas situaciones. Si tu hijo actuó bien durante la toma, debes elogiarlo dulcemente.

Algunos de los problemas más frecuentes al amamantar son las grietas en las areolas, los conductos taponados o las mastitis. Todos ellos suelen ocurrir durante los primeros quince días después del parto.

Grietas

A algunas mamás primerizas les salen grietas en los pezones. La causa más común es que no colocan correctamente al bebé para amamantarlo. Si es tu caso, a la primera señal de molestia debes retirar al pequeño suavemente, colocar uno de tus dedos entre su boca y el pezón para detener la succión y cambiar de postura. No hay que limitar el tiempo que el niño necesita para alimentarse, ya que si no se vacían ambos senos, te pueden doler e inflamarse. Si tienes molestias, prueba a poner compresas de hielo picado en los pezones antes de amamantar. La lanolina, los aceites de vitamina E o las cremas de caléndula también pueden ser un buen paliativo para el malestar.

Mastitis

Si en algún momento percibes que un área del pezón está de color rojo, muy agrietada o dolorida, y si tienes el pecho hinchado o fiebre, consulta al especialista para que descarte una posible infección. Si las glándulas mamarias se obstruyen e inflaman debido a una acumulación de leche, puede producirse una mastitis. Los síntomas más frecuentes son un pecho muy duro, una inflamación que se extiende hasta las axilas, fiebre y dolor al tacto. Si presentas estos síntomas, visita al ginecólogo. Si se trata de mastitis, probablemente te recomendará reposo durante 24 o 48 horas y que vacíes ambos pechos, con ayuda de compresas calientes y luego frías (durante 15 minutos cada una), para reducir la hinchazón.

Mastitis

Es un proceso inflamatorio del pecho como consecuencia de un vaciado incorrecto de las glándulas mamarias o de una infección bacteriana. Puede ser aguda o crónica. La primera ocurre durante los dos primeros meses de amamantamiento y suele afectar a un solo pecho. La segunda es consecuencia de un mal tratamiento de la mastitis aguda y puede afectar a ambos pechos. Si se forma algún absceso con secreción de pus, el médico debe evaluar la conveniencia de continuar con la lactancia.

Síntomas de mastitis:
• Aparición de una zona dura y sensible.
• Enrojecimiento, dolor y aumento de la temperatura en el pecho.
• Sensibilidad y dolor al tacto.
• Aumento de tamaño de un pecho.
• Secreción del pezón (podría ser pus).

Es importante dar el pecho con frecuencia, para que haya una buena producción de leche y tu hijo no tenga dificultades para succionar.

Para prevenir la mastitis se debe vaciar bien el pecho y mejor si lo haces amamantando al bebé.

La forma de los pezones

No todos los pezones son iguales. Los hay planos e invertidos. Es muy fácil identificarlos y lo mejor es que lo hagas desde el principio del embarazo, para poder corregirlo antes de amamantar al bebé.

• **Un pezón normal se proyecta hacia fuera al apretarlo suavemente.**

• **El pezón plano se encuentra al mismo nivel que la areola.**

• **El pezón invertido aparentemente es normal, pero se proyecta hacia atrás cuando es presionado con los dedos pulgar e índice.**

Pezón invertido

Es más difícil de corregir que otros casos. Puedes utilizar un saca-leches, que obliga al pezón a proyectarse hacia fuera, o formadores de pezón, que son unos discos de plástico que tienen un orificio en el centro del tamaño del pezón. Se colocan en el sujetador de manera que presionen el pecho para que el pezón sobresalga. Deben utilizarse durante todo el embarazo. Si el tuyo es de alto riesgo, debes usarlos con precaución, ya que la estimulación de los pezones genera contracciones uterinas. No dejes de consultar al ginecólogo en caso de que se produzca esta situación.

En cualquier caso, no hay que preocuparse. Existen pezoneras que facilitan en estos casos una lactancia normal.

Pezón plano

El pezón plano, como el de Soledad, se caracteriza por no sobresa-lir de la areola ni salir cuando se le estimula. Para comprobar si tus pezones son normales, coloca los dedos índice y pulgar en la areola. Al apretar, el pezón debe proyectarse hacia delante. No te preocupes si los pezones son planos. Lo más normal es que, con el embarazo, se proyecten hacia fuera de manera natural. Si esto no ocurre, du-rante el segundo trimestre puedes masajearlos con los dedos índice y pulgar, previamente lubricados con lanolina o crema de caléndula. Realiza movimientos de rotación a uno u otro lado, tirando suave-mente hacia fuera. Lo ideal es hacerlo tres veces al día, durante tres minutos cada vez.

Pezón normal

A partir del segundo trimestre del embarazo es conveniente que observes el tipo de pezón que tienes para poder llevar a cabo una lactancia lo más cómoda posible. Prepara tus pezones con masajes en círculos, con crema o vaselina, para evitar que tu bebé te lastime cuando empiece a mamar. La mayoría de los pezones son normales o planos.

¿Es un niño saludable?

La duda más común es saber si el bebé está bien alimentado y se desarrolla correctamente. Hay signos que permiten averiguarlo.

De acuerdo con la Organización de las Naciones Unidas para la Agricultura y la Alimentación (FAO), lo más normal no es que falte la leche, sino que el bebé no coge adecuadamente el pecho. En estos casos, los médicos suelen resolver el problema alternando leche artificial con leche materna. Es un hecho que la succión del pecho estimula la liberación de prolactina y que el mantenimiento de la lactancia depende de la adecuada estimulación de tu hijo cuando mama. Si se combina la alimentación, como hace ahora Claudia, puede inhibirse la producción de leche natural. Otra opción es intentar que el bebé succione correctamente y no sea necesario incluir leche artificial hasta los seis meses. En cualquier caso, la pregunta que se hacen muchas mamás es la siguiente: ¿cómo sé que estoy alimentando correctamente a mi bebé?

Con el alumbramiento, el recién nacido pasa de un ambiente cálido, protegido y húmedo, dentro de nuestro cuerpo, a un estado novedoso. En el exterior, su organismo está expuesto a sustancias nuevas que le pueden generar algún tipo de reacción. Tu alimentación, la sequedad de su piel y la disposición genética son factores que lo predisponen, en mayor o menor medida, a dichas reacciones.

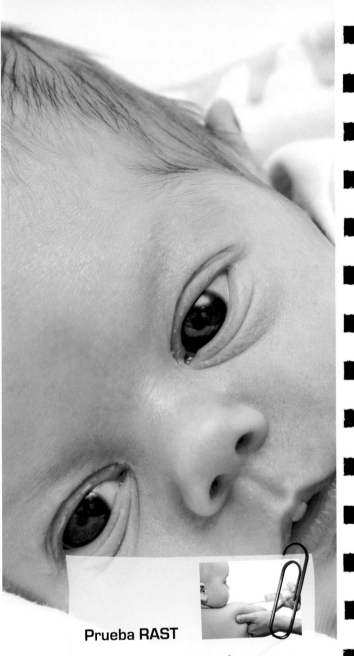

Prueba RAST

Se trata de un examen de sangre que mide los niveles de inmunoglobulina E (IgE), una proteína asociada a las reacciones alérgicas y que normalmente se encuentra en la sangre en poca cantidad. La IgE forma parte del sistema inmune del organismo y constituye una defensa contra aquellos «intrusos» que «invaden» el cuerpo del bebé. Esta prueba de radio-alergoabsorbencia verifica si hay presencia de anticuerpos IgE específicos, que sólo aparecen si existe una reacción alérgica.

Padecimientos de riesgo

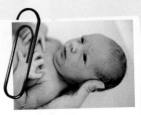

La fenilcetonuria es una enfermedad hereditaria que afecta a la capacidad del bebé para metabolizar algún tipo de aminoácido presente en los alimentos. Es muy importante su detección precoz, ya que puede causar retraso mental irreversible si no se trata; el tratamiento puede consistir en una dieta especial.

La fibrosis quística, por su parte, es otra afección genética que afecta a los pulmones y al sistema digestivo. Para que el bebé que la padece lleve una vida sana, se le trata con dieta especial y fisioterapia (que ayuda a eliminar las secreciones acumuladas), así como con medicación.

Un déficit de deshidrogenasa impide que el bebé metabolice de manera correcta las grasas, lo cual se asocia a la muerte súbita.

Durante el primer mes de vida, los médicos consideran al bebé un neonato. Después del segundo mes, lo llaman lactante. Se acepta que un bebé tiene una actividad física normal si antes de la toma de leche se muestra irritable, llora y mueve mucho las extremidades o presenta movimientos espontáneos. Una vez que le das el pecho, debe tranquilizarse completamente. Cuando salgas del hospital y tu bebé ya esté en casa, lo mejor es que duerma en tu habitación durante los primeros seis meses de vida; después, conviene que tenga su propio cuarto, bien ventilado y con una temperatura media de 24 °C aproximadamente.

Hay médicos que recomiendan que a los recién nacidos se les inyecte una dosis de vitamina K para prevenir hemorragias, sobre todo por la nariz, el cordón umbilical o el intestino, las cuales pueden producirse debido a que la leche materna tiene poca cantidad de esta vitamina y la flora intestinal del bebé recién nacido aún es limitada. Esta patología se conoce con el nombre de enfermedad hemorrágica del recién nacido (EHRN o HDN, por sus siglas en inglés). Para prevenirla, se administra una única dosis inyectable de 1 mg de vitamina K, cantidad suficiente hasta que el niño pueda sintetizar la vitamina por sí mismo.

Algunos neonatos pueden dejar un rastro de cristalitos rojizos después de orinar (parecido a un polvo de color ladrillo). No tienes de qué preocuparte, aunque sí debes consultarlo con el pediatra, ya que puede ser un síntoma de deshidratación porque el bebé no esté tomando suficiente cantidad de leche. En este caso, puede que el médico te recomiende ayuda extra con la lactancia.

Si tienes dudas de que tu pequeño esté comiendo lo suficiente, toma nota de la cantidad de pañales que moja cada 24 horas. Si la cuenta oscila entre seis y ocho, puedes estar tranquila. Es poco probable que tu hijo moje más de nueve pañales al día, debido a que, normalmente, los bebés toman sólo la cantidad de leche que su organismo necesita. Si supera esta cantidad de pañales mojados, lo mejor es que consultes con el médico.

Cuando le des el biberón, la limpieza es un aspecto esencial, ya que una higiene deficitaria podría provocarle infecciones como la gastroenteritis. Es necesario lavar los biberones y las tetinas con cepillos especiales, luego enjuagarlos en agua corriente y, por último, esterilizarlos.

Durante su primera semana de vida, algunos bebés pueden presentar una irritación en la piel debida a la exposición al exterior, que se conoce como eritema tóxico. Se caracteriza por lesiones cutáneas en forma de manchas rojas que, habitualmente, desaparecen solas y no requieren fármacos para su tratamiento.

La costra láctea es otra manifestación muy común en los lactantes. Generalmente, aparece a las dos semanas de vida. Tiene un aspecto similar a la cera y se ubica en la parte su-

Los alimentos más alergénicos son la leche de vaca, el trigo, el huevo, los cacahuetes, el marisco y el pescado.

perior de la cabeza. Se puede retirar fácilmente con un poco de aceite. Si persiste más de dos semanas o es muy gruesa, consulta al pediatra.

Alrededor de los dos meses, otro de los padecimientos más comunes es la dermatitis alérgica. Es más frecuente en las pieles secas y suele aparecer en las mejillas y en la parte interior de las articulaciones del codo o la rodilla. No debes dejarla pasar sin consultar con el pediatra, que a través de un examen llamado RAST, puede determinar si su origen se debe al consumo de algún alimento que pase a través de la leche.

Los alimentos más alergénicos son la leche de vaca, el trigo, el huevo, los cacahuetes, el marisco y el pescado.

¿Come lo suficiente?

Durante sus primeras semanas de vida, tu pequeño sólo come y duerme. No es conveniente que le pongas horarios. Debes estar a su disposición y atender sus necesidades. Para saber que está bien alimentado basta con observar lo siguiente:

• Es normal que pierda hasta un 7% de su peso durante los primeros días. Si supera ese porcentaje, podría ser que algo no estuviera bien.

• Si lo alimentas con leche artificial, en diez días aproximadamente recuperará su peso al nacer; lo hará en catorce días si toma leche materna.

• Es habitual que demande pecho cada hora y media o cada dos horas y media, que succione de ambos pechos por toma, que tenga una actitud de satisfacción después de comer y que moje seis o más pañales y defeque unas cuatro veces al día.

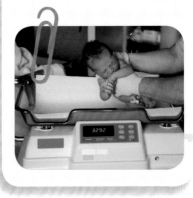

Amamantar gemelos

Tener dos bebés en casa es doble dicha, pero multiplica tu esfuerzo y preocupaciones. Con habilidad, es posible alimentarlos correctamente.

Paula dio a luz a gemelos. Ha intentado darles el pecho desde que nacieron, pero a veces se siente desbordada por la situación. Aunque sus hijos han nacido prematuros, con un peso de 2,2 kg cada uno, no han tenido que estar en incubadora. En el hospital le dieron una pauta de lactancia: tomas de leche materna cada tres horas durante quince minutos, alternadas con un biberón de leche artificial especial para niños con bajo peso. Ahora Paula tiene la duda de si es conveniente dar el chupete a los niños desde que nacen. Muchos estudios indican que lo óptimo es no ofrecérselo al bebé antes de los quince días de vida, para que no confunda chupete con pezón. También sugieren ser prudentes con el uso del chupete durante los primeros ocho meses después de nacer, ya que, aunque los tranquiliza, su organismo se desestabiliza al creer que está recibiendo leche.

Paula asegura que con el niño todo marcha bien, pero con la niña el asunto se ha complicado: a la pequeña le cuesta hacer el cambio del biberón al pecho. Se enfada muchísimo y lo rechaza. Algunas veces se agarra al biberón, succiona un par de veces y lo deja

enseguida. Paula ha optado por no luchar contra la situación y ha decidido darse tiempo para que los tres se vayan acomodando a la nueva dinámica familiar.

No te angusties por tener gemelos en casa. Por supuesto que puedes darles leche directamente del pecho a los dos; sólo tienes que ir adaptándote poco a poco y tratar de no perder la paciencia. No te preocupes por la producción de leche; mientras el pecho esté estimulado habrá suficiente alimento para los dos. Las mujeres son capaces de generar hasta dos litros diarios de leche, así que es muy probable que puedas alimentar a los dos al mismo tiempo. Una opción es que le des primero el pecho a uno y luego al otro, aunque también puedes amamantar a los dos a la vez. La posición más recomendable es sostenerlos como si fueran un balón de rugby o apoyarlos sobre unos cojines o almohadas especiales que te permiten elevar a los gemelos hacia tu pecho sin que te canses demasiado y a ellos agarrarse mejor al pezón. Si decides amamantar a los dos bebés de forma simultánea, será más fácil si alguien te ayuda.

También, como le sugirió el pediatra a Paula, existe la alternativa de combinar la lactancia materna con leche artificial; esto te permitirá que otra persona te ayude con las comidas. Asegúrate de que los pequeños reciben la misma cantidad de cada leche. Si eliges la alimentación mixta, puedes darle pecho a uno mientras el otro toma leche artificial; después, hay que invertir los papeles. Es recomendable que establezcas una rutina en cuanto nazcan; de lo contrario no dejarás de estar alimentando a uno y otro durante todo el día, algo que puede llegar a ser agotador.

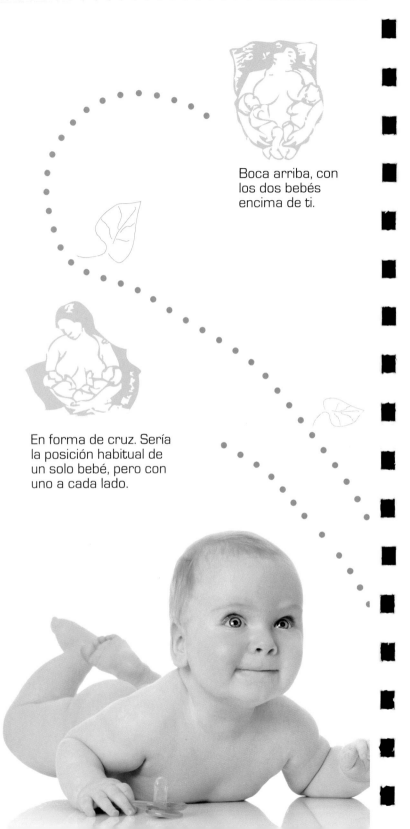

Boca arriba, con los dos bebés encima de ti.

En forma de cruz. Sería la posición habitual de un solo bebé, pero con uno a cada lado.

Amamantar trillizos

Muchas mujeres no amamantan a sus trillizos porque no saben cómo hacerlo. No hay problemas con relación a la cantidad de leche suficiente para los tres, porque cuanto más se amamanta más provisión de leche hay. Lo más importante es estar descansada y buscar apoyo en la gente que te rodea. Lo ideal es dar el pecho a dos de los bebés al mismo tiempo. El tercero puede mamar de ambos pechos después. También se les puede dar un biberón con leche materna previamente almacenada. Es recomendable que se rote a los bebés para que todos mamen del pecho y del biberón. Otra opción es amamantar a uno cada vez, aunque esta opción requiere más tiempo. Debes llevar una dieta nutritiva, comer frecuentemente e ingerir muchos líquidos.

En paralelo, con ambos bebés mamando en la misma dirección pero cada uno de un pecho.

Como un balón de rugby en paralelo, con un bebé a cada lado.

Si optas por la alimentación mixta, puedes darle el pecho a uno mientras el otro toma leche artificial.

Patrón internacional de crecimiento infantil

Desde el año 2006, la Organización Mundial de la Salud (OMS) dio a conocer unas tablas de crecimiento infantil que tienen en cuenta a niños de diversas etnias, pero todos alimentados con leche materna. Esto ha permitido crear un patrón de referencia en cuanto a desarrollo y alimentación infantil.

niños			niñas		
edad	peso medio	talla	edad	peso medio	talla
recién nacido	3,4 kg	50,3 cm	recién nacida	3,4 kg	50,3 cm
3 meses	6,2 Kg	60 cm	3 meses	5,6 Kg	59 cm

En el caso de los niños de embarazos múltiples, como gemelos o trillizos, es recomendable que el médico realice una supervisión constante para detectar cualquier retraso durante los primeros meses o años de vida. Un diagnóstico precoz mejora y facilita el desarrollo futuro de cada niño.

Crecimiento correcto

La relación de peso, talla y perímetro craneal proporciona una curva de crecimiento que determina el correcto desarrollo del bebé. Como resultado se establecen unas gráficas que utilizan percentiles para expresar la evolución de los niños. Los percentiles van del 2 al 98. Si tu bebé está en el 50, quiere decir que está en la media, es decir, de cada 100 niños 50 son como el tuyo. También puede ocurrir que tenga percentil de peso 60 pero de longitud 70, lo que significa que es más alto y delgado que la media. Estar por debajo de 50 indica que el niño es menudo, pero puede estar igual de sano que un niño más grande de su misma edad. Muchas veces el tamaño depende de la carga genética. Eso sí, tienes que estar muy atenta para detectar si algo va mal. Esto ocurre cuando hay variaciones llamativas de percentiles o existe un ritmo lento de crecimiento. Las gráficas de percentiles son distintas para niñas y niños y también hay gráficas diferentes para bebés con algunos síndromes o enfermedades.

Reflujo y cólicos

¿Llora y no sabes qué hacer? ¿Vomita y te preocupa que no se alimente bien? La causa puede estar en la inmadurez de su aparato digestivo.

Desde hace un mes y medio, Óscar padece cólicos que han ido aumentando de intensidad conforme pasan los días. Carmen, su mamá, está preocupada porque ha intentado todo para calmarlo. Le da una alimentación mixta, con pecho y leche artificial, de la que ha cambiado tres veces de marca, ha comprado biberones especiales y le da masajes en el vientre. Pero no ha conseguido muchos avances.

Durante los primeros tres meses de vida, aproximadamente el 15% de los bebés presentan un llanto intenso. Si, como ocurre con Óscar, percibes que el llanto de tu hijo es inexplicable, inconsolable e in-termitente, podría tratarse del cólico del lactante. Las causas que lo originan son detectables. Puede deberse al aún incompleto desarrollo del sistema nervioso central del bebé, a una inmadurez digestiva, a una mala práctica alimentaria de la mamá o a la ansiedad que provoca el llanto prolongado en el bebé. Es normal que los recién nacidos vivan periodos en los que nada los calma, generalmente hacia la última hora de la tarde. Es frecuente que estos periodos duren aproximadamente unas tres horas al día durante el primer mes y medio de vida de tu hijo. Después, y hasta los tres meses de edad, pueden durar unas dos horas. Si se mantiene

Masaje para evitar cólicos

El cólico del lactante es un espasmo o contracción dolorosa del intestino del bebé. Para aliviarlo, hace más de una década el osteópata Domingo Rubio desarrolló un método que ha sido muy bien recibido. Consiste en trabajar desde el exterior todo el sistema digestivo del bebé, para eliminar las tensiones de sus tejidos. La intención es fortalecer los tejidos internos y conseguir una mejor metabolización de alimentos y gases. Como norma general, la terapia del doctor Rubio se realiza en dos sesiones: una que flexibiliza la zona más externa del vientre y otra, entre cuatro y siete días después, sobre la zona profunda. Con este procedimiento se produce una mejora de los síntomas de más de un 90% (más información disponible en www.tusterapias.es).

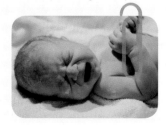

esta frecuencia, no hay de qué preocuparse: el cólico del lactante puede durar mucho más.

Si tu bebé llora y llora después de comer, puede ser porque le entró aire en el estómago mientras comía. Esto es común en los niños alimentados con biberón y, sobre todo, si la tetina es de succión rápida (aunque también puede ocurrir en bebés que toman el pecho). Es muy fácil ayudarle para que desaparezca la molestia estomacal. A la mitad de la toma y al terminar de comer, ayúdale a eructar para expulsar el aire. No pasa nada si no lo hace, tal vez no haya tragado aire o es posible que lo expulse después acompañado de un poco de leche. Esto es algo frecuente en niños muy pequeños, ya que su sistema digestivo está madurando y el esfínter superior de su estómago aún no tiene la capacidad de cerrarse por completo.

Otro de los trastornos cotidianos en los recién nacidos es el reflujo, que presentan casi

> Otro de los trastornos cotidianos de los recién nacidos es el reflujo, que presentan casi el 80% de los bebés.

el 80% de los bebés. Ocurre cuando el contenido del estómago (alimento o secreciones gástricas) sube hacia el esófago. En algunas ocasiones, asciende hasta la boca o es expulsado al exterior. El reflujo no es una enfermedad en sí misma, y

Qué hacer para que tu bebé expulse el aire

• Apoya al pequeño sobre tu hombro y, suavemente, dale un masaje en la espalda o pequeñas palmaditas. Esto provocará que el aire suba fácilmente (se recomienda colocar una toalla o un trapo entre tu hombro y la cara del bebé para que no manche la ropa si expulsa un poco de leche junto con el aire).

• Siéntalo sobre tus rodillas e inclínalo hacia delante. Dale un masaje circular en la espalda o palmadas suaves para que expulse el aire (es importante que sujetes su cabeza con la mano para que no se lastime, pues los músculos de su cuello aún no son lo suficientemente fuertes).

menos si se presenta durante la primera y segunda semana de vida del neonato. En casi la mitad de los casos, la frecuencia de regurgitaciones disminuye a partir de los dos meses hasta llegar a un promedio de dos por día. La causa más frecuente de reflujo en los bebés es la posición acostada en la que pasan la mayor parte del tiempo. Por lo mismo, a medida que ellos se van enderezando,

la molestia tiende a disminuir.

¿Cuándo se trata de una enfermedad? El reflujo podría ser patológico si el bebé rechaza la comida y llora con facilidad. Hablamos, entonces, de un cuadro de esofagitis, que se caracteriza por dolor y sangrado provocado por el ácido gástrico que sube por el esófago. Si tienes dudas sobre si tu hijo tiene un reflujo normal o no, consulta con el pediatra.

¿Adopción y lactancia?

Amamantar a un bebé adoptado es posible, incluso sin el uso de fármacos. Para conseguirlo se requiere mucha disciplina y paciencia.

Martha tiene un hijo de siete años al que amamantó cuando era bebé. Después del parto le quitaron la matriz, así que ahora ya no puede quedarse embarazada. Pensó en adoptar un bebé y escuchó que podía amamantarlo ella misma sin tener que tomar medicación hormonal, cuyo uso está contraindicado por algunos expertos. Así, Martha tiene la opción de una lactancia inducida para un bebé adoptado. Se utiliza en casos donde la madre adoptiva desea amamantar a su bebé, a pesar de que no haya experimentado un embarazo o un parto reciente. Este tipo de alimentación es posible, pero la prioridad no está puesta en el valor nutricional de la leche, sino en el vínculo afectivo que se establece entre la madre y el hijo.

Algunos expertos creen que el proceso para comenzar a producir leche dura entre cuatro y seis semanas. La mayoría de las mujeres adoptantes que han llevado a cabo un masaje diario en el pecho han conseguido producir leche. Por supuesto, como sucede con las madres biológicas, la cantidad de leche que se produce depende de la habilidad de succión del bebé y de la frecuencia de amamantamiento. Al igual que ellas, si optas por dar el pecho a tu bebé adoptado, te debes relajar y disfrutar mucho con tu hijo. Procura estar descansada y alimentarte de manera equilibrada, con muchos líquidos y sin fumar, ingerir alcohol, fármacos o drogas.

¿Si tomo leche o cerveza incrementaré la producción de leche?

Totalmente falso. La producción de leche será proporcional a la cantidad de tomas que ofrezcas a tu hijo y a la cantidad de leche que él requiera para alimentarse. Lo único que puede garantizar una buena cantidad y calidad de la leche es que sigas una dieta equilibrada. No existen fórmulas mágicas que te hagan producir más leche.

Bebés vegetarianos

Hay investigaciones sobre lactancia en madres vegetarianas que han comprobado que este tipo de dieta, si está bien diseñada, puede ser apropiado para cualquier fase del ciclo de la vida, como el embarazo, la lactancia, la infancia y la adolescencia. De acuerdo con otros estudios, los hijos de madres 100% vegetarianas podrían presentar algunos signos de deficiencia a los cuatro meses de edad. Si eres vegetariana, no dejes de informar al pediatra y al nutricionista; ellos sabrán cómo evaluar cualquier deficiencia alimentaria de tu bebé y si es necesario llevar a cabo algún tratamiento alternativo.

Si eres una madre adoptiva...

Si sabes previamente la fecha de nacimiento de tu hijo, puedes hacer que tu pecho produzca leche. Prepárate para amamantar.

• Comienza a estimular el pecho algunas semanas o meses antes de que llegue el bebé a casa (unas cuatro semanas como mínimo).
• Puedes adquirir una bomba de extracción doble.
• Comienza con una sesión de diez minutos por día y, gradualmente, añade más sesiones y minutos por día (lo mejor son de ocho a doce sesiones y que alcances hasta unos 150 minutos diarios).

Amamantar estropea tu figura

Todo lo contrario. Si das el pecho a tu hijo, perderás rápidamente el peso acumulado en el embarazo, debido a que buena parte de la energía que necesitas para la producción de leche la obtienes de los depósitos de grasa que acumulaste durante las últimas semanas de gestación.

El peso en bebés prematuros y en bebés a término

La Organización Mundial de la Salud (OMS) considera prematuros a los neonatos nacidos vivos que tengan menos de 37 semanas de gestación a partir del primer día del último periodo menstrual. Por su parte, la Academia Americana de Pediatría propone la semana 38. Actualmente, a los niños que pesan al nacer 2,5 kg o menos se los conoce como recién nacidos de bajo peso al nacimiento (BPN). Se considera que han tenido un periodo de gestación más corto de lo normal, un crecimiento intrauterino (CIR) menor de lo esperado o ambas cosas.

Durante la primera semana de vida, tu hijo puede perder del cinco al ocho por ciento del peso que presentó al nacer. Esto se debe a que su organismo se tiene que adaptar a la vida en el exterior. Ha pasado de un medio oscuro, tranquilo y húmedo, a un ambiente luminoso y lleno de ruidos donde tiene que realizar las funciones orgánicas propias para poder vivir, como respirar y alimentarse por la boca. Muy probablemente, a las dos o tres semanas ya haya recuperado el peso inicial. En el primer trimestre de vida, debe aumentar entre 750 y 900 gramos cada mes.

Alimentación
de 4 a 6 meses

Alimentación de 4 a 6 meses

capítulo tres

Nuevos cambios

Durante estos meses se producen numerosos cambios en el bebé. Empezará a comer
los primeros sólidos y, tal vez, cambie la leche materna por leche artificial.
Tu paciencia y tu amor lo harán todo más fácil.

Tu bebé ya ingiere más cantidad de leche en cada toma y, por tanto, es capaz de aguantar más tiempo sin recibir alimento. Lo mejor es que durante esta etapa continúe con su dieta sustentada en la leche materna o de fórmula, según hayas elegido. Hacia los cuatro meses de edad, la ingesta de leche suele reducirse. Ahora tu bebé come entre cuatro y seis veces al día. Si le das el pecho, tu alimentación debe tener en cuenta que el requerimiento energético es mayor que en condiciones normales. Según un estudio de la Organización de las Naciones Unidas (ONU), para producir unos 750 ml de leche se necesitan aproximadamente unas 700 kcal. De éstas, 200 provienen de las re-

servas acumuladas durante el embarazo en el tejido adiposo de caderas y muslos, así que es importante que, durante la lactancia, evites regímenes de adelgazamiento o situaciones que afecten a una correcta producción de leche. Es más, a veces el pediatra juzga adecuado incluir complejos vitamínicos que aseguren una leche de calidad para el lactante.

Los seis meses marcan un momento importante en la dieta del bebé: la transición a los primeros sólidos. A partir de esta edad verás cómo comienzan a aparecer pistas que indican que el niño ya está preparado para ingerir alimentos más sofisticados. El bebé pesa el doble que al nacer, controla los movimientos del cuello y la cabeza, puede

permanecer sentado con la ayuda de un respaldo y muestra interés por el alimento recién incorporado. Lo ideal es comenzar con nuevos sabores y texturas, e introducir cereales sin gluten fortalecidos con hierro; por supuesto, hay que mezclarlos con leche materna o artificial. Una vez que el bebé haya aceptado los cereales, es el momento de ir incorporando otros alimentos, siempre siguiendo las indicaciones del pediatra. Durante este periodo, debes estar muy atenta y observar si presenta reacciones alérgicas o intolerancias a algún ingrediente nuevo. Para poder detectar fácilmente al responsable de cualquier reacción, los alimentos se suelen introducir en la dieta de uno en uno.

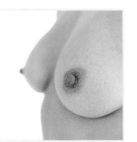

Si le das el pecho, tu alimentación debe tener en cuenta que el requerimiento energético es mayor que en condiciones normales.

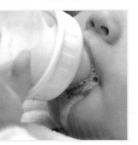

A los seis meses comienza la transición a la ingesta de sólidos. Lo ideal es empezar con nuevos sabores e introducir cereales sin gluten fortalecidos con hierro.

La incorporación al trabajo a veces obliga a compaginar lactancia con biberón. Puedes extraer el alimento con un sacaleches para que tu hijo continúe nutriéndose de leche materna.

Los retos de la vuelta al trabajo

La separación entre tú y tu bebé es uno de los momentos más duros desde que ha nacido tu pequeño. La ley establece dieciséis semanas de baja maternal, y se acaban. Pero no te desanimes, sólo tendrás que acostumbrarte a una rutina diferente. Con paciencia y un poco de tiempo, te darás cuenta de que puedes seguir disfrutando de tu hijo. Si tu idea es pasar más horas con el pequeño, puedes pedir una reducción de jornada. Si has decidido seguir con la lactancia, te darás cuenta de que es perfectamente compatible, gracias al sacaleches y a tu voluntad. Además, será una ocasión perfecta para que tu hijo afiance lazos emocionales con otros miembros de la familia, que también podrán alimentarle, dormirle y jugar con él, como su padre, hermanos o abuelos. Una buena noticia es que, entre los cuatro y seis meses de tu hijo, podrás notar que tu cuerpo empieza a ser como el de antes. Si has elegido la lactancia, incluso habrás bajado los kilos de más. Así que lo ideal es ir adaptándose a los distintos periodos y sacar lo mejor de cada etapa.

10
Pasos para superar con éxito estos meses

1. Leche materna, si es posible, hasta los 4-6 meses.

2. Fórmula de inicio (tipo 1) hasta los 4-6 meses si no hay lactancia materna o es necesario combinarla con leche artificial.

3. Fórmula de continuación (tipo 2) a partir de los 4-6 meses y hasta los 3 años.

4. Se introduce el gluten a partir del 6.º mes.

5. Aporte de 500-900 cm^3 de leche o sus derivados al día.

6. Aporte de vitamina D.

7. Introducción de alimentos: cereales sin gluten y frutas (4.º mes), pollo (5.º-6.º mes), ternera (6.º-7.º mes), pescado (8.º mes) y yema de huevo (9.º-10.º mes).

8. Realiza la incorporación de alimentos nuevos poco a poco y de uno en uno. Prueba uno distinto cada cinco días y observa si se producen reacciones alérgicas en el bebé.

9. No recalientes ni prepares alimentos entre ocho y doce horas antes de ser consumidos por el niño.

10. Sé estricta con los hábitos higiénicos durante el primer año de vida y esteriliza todo durante los primeros seis meses.

Incorporación al trabajo

La baja por maternidad ha acabado y debes regresar al trabajo.
Tendrás que tomar algunas decisiones sobre la lactancia de tu hijo.

María Luisa está nerviosa. Dentro de poco finaliza su baja por maternidad y tendrá que volver a la oficina. Las inquietudes de María Luisa son frecuentes en muchas mujeres y seguramente tú empiezas a plantearte lo mismo si tu incorporación al trabajo está a la vuelta de la esquina. Si has decidido dejar de dar el pecho, el pediatra te indicará qué tipo de leche artificial es mejor para tu hijo. Si has alimentado al bebé con leche de fórmula desde el principio, éste también es el momento de pasar de las fórmulas de inicio, que imitan casi a la perfección los ingredientes de la leche materna y son idóneas para los primeros meses, a las fórmulas de continuación (siempre bajo supervisión del pediatra), que pueden tomar hasta los tres años de edad. Si deseas continuar con la lactancia, un poco de esfuerzo y voluntad te permitirán prolongarla. A continuación te descubrimos algunos trucos para conseguirlo.

1. A partir de la tercera semana desde el nacimiento de tu pequeño comienza a extraerte leche. La que recojas en estas sesiones puedes guardarla en el congelador para usarla más adelante. Lo normal es que obtengas poca leche en los primeros intentos, así que no claudiques; con la práctica producirás leche suficiente para una alimentación completa de tu bebé.

2. Es importante que evalúes de qué manera vas a extraer la leche, ya que se puede hacer de forma manual o con ayuda de un sacaleches. Antes de comprar uno, comprueba que simula el patrón de succión del bebé, que lleva un ritmo aproximado de 1,2 succiones por segundo.

3. Amamanta a tu bebé siempre que estés con él, así no disminuirá la producción de leche. Es importante que lo hagas antes de irte al trabajo y en cuanto llegues a casa, así como los días que no tienes que ir a trabajar.

4. Cuando estés trabajando, extráete la leche al menos cada tres horas y almacénala en un lugar fresco.

5. Continúa la extracción durante un par de minutos después de que haya salido la última gota.

6. Muchas mujeres se sienten exhaustas cuando comienzan a simultanear el trabajo y el cuidado del bebé, sobre todo si mantienen la lactancia. Por ello, es muy importante que te tomes en serio el descanso y aprendas a delegar tareas en los que te rodean.

7. Divide la leche en pequeñas cantidades, según el peso de tu bebé. Puedes hacerlo en torno a esta dosis: 150 ml por toma.

8. Por la noche, antes de dar el pecho a tu bebé o extraerte la leche, colócate compresas calientes sobre los senos. Esto ayudará a abrir los conductos y hará que la leche fluya más fácilmente. No apliques las compresas durante más de tres minutos, pues podrías provocar un paso excesivo de sangre y otros líquidos a la mama.

9. Después de amamantar o extraer la leche, ponte compresas frías para cerrar los conductos y reducir la inflamación de las glándulas mamarias.

De acuerdo con la Organización Mundial de Salud, es importante mantener la lactancia, por lo menos, hasta los seis meses de edad, y continuar con la lactancia mixta el mayor tiempo posible.

Acumula provisiones

Si trabajas y aún le das el pecho a tu bebé, lo mejor es que almacenes y congeles leche suficiente para satisfacer las necesidades de tu pequeño, sobre todo si no puedes hacerlo en el trabajo. En este caso, es buena idea que empieces a congelar tu leche un par de meses antes de reincorporarte, así no te verás obligada a completar las dosis de leche materna con leche de fórmula. La única precaución que hay que tener es lavarse bien las manos cada vez que se vayan a tocar los envases y refrigerar correctamente la leche recién extraída. Una buena idea es almacenarla en bolsas diseñadas para este uso o en frascos, debidamente señalados con la fecha de extracción para empezar a descongelar siempre por el más antiguo.

Huelga de lactancia

Si tu bebé deja de mamar de forma repentina y tajante, posiblemente te halles ante una huelga de lactancia. Puede suceder porque el pequeño esté enfermo o porque está comenzando el destete. Cuando ocurra esto no interpretes que ya no quiere pecho, ya que los niños no están preparados para un destete fulminante. La huelga de lactancia puede durar una sola toma o varios días. Las causas son variadas: dentición, garganta inflamada, dolor de oídos o heridas en la boca. Puedes intentar darle el pecho cuando está calmado o sacarte la leche y que la tome en biberón, cuchara, gotero o jeringa. Y, por supuesto, acude a tu médico para que revisen al pequeño. Todo se arreglará y volverás a darle el pecho sin problemas.

El bebé toma la leche materna a temperatura corporal, por lo que no hace falta calentarla.

Conservación de la leche materna

• El recipiente donde almacenes la leche debe estar esterilizado. Repártela en cantidades unitarias para evitar desperdicios. Una vez descongelada no puede congelarse otra vez.

• Coloca el recipiente de la leche en agua caliente y retíralo cuando esté templada. No la calientes directamente en el fuego, la vitrocerámica o el microondas. Si lo haces y se sobrecalienta, perderá nutrientes.

• Para descongelar la leche, es suficiente con sacar el envase del congelador e introducirlo en el frigorífico 24 horas antes de su consumo.

• Pon la fecha de extracción cada vez que almacenes leche.

• El tiempo de conservación de la leche materna varía según el lugar donde se conserve: a temperatura ambiente (19-22 °C), 10 horas; a temperatura ambiente (25 °C), 4-6 horas; refrigerada (0-4 °C), 8 días; en congelador dentro del frigorífico (no combi), 15 días, y en congelador con puerta independiente (combi), 3-4 meses.

El sacaleches,
un socio muy útil

La vuelta al trabajo no tiene por qué implicar el destete. Si quieres
seguir amamantando, un buen sacaleches te ayudará a prolongar
la lactancia, por lo menos hasta los seis meses.

*Si trabajas y aún le
das el pecho a tu
bebé, lo mejor es que
almacenes y congeles
leche suficiente para tu
pequeño.*

Susana creía que nunca iba a poder simultanear la lactancia con su horario de trabajo. Su
hija Silvia fue prematura, así que tuvo que buscar
la forma de hacerlo. Habló con su matrona y ésta
le explicó cómo extraerse la leche y almacenarla
para que su hija pudiera tomarla cuando ella no
estuviera. Susana confiesa que fue un poco difícil
al principio, pero que lo consiguió.

La extracción con sacaleches es fundamental
para mantener la lactancia tras la reincorporación al trabajo. Este momento puede generar ansiedad en las madres que desean continuar con
la lactancia materna aunque se incorporen a su
empleo. Algunas solicitan reducción de jornada,
pero otras se ven en la necesidad de asumir jornadas completas. En este contexto, el sacaleches
supone una gran ayuda en el mantenimiento de la
lactancia. No tengas miedo y tampoco dejes que te
venza la impaciencia. Tómate tu tiempo y aprende
a sacar la leche antes, durante y después de trabajar para que tu pequeño esté bien alimentado. Es
normal que al principio no obtengas mucha leche.
Recuerda que también el cuerpo necesita adaptarse a esta nueva situación y el pecho tiene que
acostumbrarse a la succión del sacaleches. Pero
ya verás cómo, en cuanto adquieras práctica, será
más sencillo. Mientras tanto, existen trucos sencillos para acelerar el proceso: piensa en tu bebé
mientras te extraes la leche o masajea suavemente
el pecho dando vueltas alrededor del pezón.

Consejos para extraer la leche

La extracción con sacaleches es fundamental para mantener la lactancia tras la reincorporación al trabajo.

• La leche saldrá más fácilmente si miras una foto o algún objeto de tu bebé, o si escuchas una grabación de sus balbuceos.

• Aplícate calor en el pecho antes y durante el uso del sacaleches. El calor dilata los conductos por donde sale la leche y facilita su extracción.

• Elige momentos del día en que estés tranquila y relajada. El estrés puede inhibir la salida de la leche.

• Cuantas más veces extraigas la leche, más cantidad producirás. Lo único que aumenta la producción de leche es el vaciado periódico de los pechos. Recuerda que, por ley, tienes derecho a dos descansos de media hora que puedes utilizar para extraerte la leche.

• Procura vaciar el pecho al máximo. La leche del final contiene más grasa y, si no se extrae, disminuye la producción.

• Durante la extracción, es recomendable separar el pecho del sacaleches de vez en cuando y agitarlo suavemente. Cuando vuelvas a succionar, la leche saldrá con mayor facilidad.

• Cuando vacíes el segundo pecho, vuelve de nuevo a extraerte del primero. Es posible que salga un poco más de leche, aunque previamente ya lo hayas vaciado.

• El uso del sacaleches requiere experiencia. Cuanto más practiques, más fácil y más rápido te resultará. No te desesperes, es cuestión de tiempo.

• Si el pecho está muy lleno, tenso y doloroso, aplica calor y la técnica de «presión inversa suavizante» (ver cuadro inferior) antes de utilizar el sacaleches.

Tu pecho está lleno, tenso y doloroso

En este caso, la extracción de leche puede resultar molesta o incluso imposible, independientemente de si se extrae con sacaleches o mediante la succión directa del bebé. Aunque lo ideal es que evites llegar a esta situación, hay varias cosas que puedes hacer para vaciar los pechos sin que te duela:

• Aplica calor en el pecho antes de la toma. Esto hace que los tejidos se relajen y los conductos por donde sale la leche se abran, por lo que es más fácil que salga.

• Coloca frío después de la toma y se aliviará la congestión y el dolor.

• La técnica de la presión inversa suavizante es muy útil antes de dar el pecho al bebé. Se realiza presionando la areola con los dedos, de forma suave pero firme, hacia las costillas. La presión no debe causar dolor. Si lo hace, aplica menos presión pero realiza el masaje durante intervalos más largos. Primero, por encima y debajo de la areola, luego a los lados. Mantén la presión varios minutos para que la zona de la areola quede más blanda. El tiempo varía en función de la hinchazón del pecho. Cuando detectes que está más blando, es el momento de darle el pecho al niño o usar el sacaleches.

Tipos de sacaleches

Sacaleches manuales o mecánicos. Funcionan accionando el mecanismo de succión con la mano. Tienen la ventaja de que permiten ejercer un control total sobre la succión (velocidad, intensidad, duración y tiempo de pausa), mientras que los sacaleches eléctricos sólo permiten ajustar algunos de estos parámetros (generalmente la velocidad y la intensidad). Lo importante es aprender a usarlo bien, sea eléctrico o manual. Entre los manuales existen varios tipos, según el método empleado para hacer el vacío. Los hay de tipo pera o con una especie de gatillo que se acciona para succionar.

Sacaleches eléctricos. Tienen un motor eléctrico que facilita la extracción. Los hay de extracción doble (los dos pechos a la vez) o simple (un solo pecho cada vez). Los simples pueden resultar más cómodos que los manuales, pero se tarda lo mismo en extraer la leche, por lo que no presentan grandes ventajas sobre los manuales y cuestan el doble. La ventaja de los dobles radica en el notable ahorro de tiempo, la mitad que con uno manual. Además, está demostrado que las madres que utilizan este tipo de sacaleches producen más leche, porque esta forma de extracción aumenta los niveles de prolactina, la hormona que regula la producción de leche. Los sacaleches dobles se recomiendan sobre todo para las madres de niños enfermos o prematuros, que tienen que extraerse leche muchas veces al día durante semanas o meses.

Ventajas

Una ventaja de acumular provisiones de leche materna antes de reincorporarte al trabajo es que practicarás con el sacaleches. Así, cuando finalice la baja por maternidad, serás una experta en ello. Si decides no empezar a extraerte leche con tanta anticipación, te recordamos que no debes utilizar el sacaleches por primera vez en el trabajo, cuando se dispone de poco tiempo y probablemente de un lugar poco apropiado. Inténtalo unas semanas antes de la fecha de reincorporación.

La hora del destete

Dejar de amamantar es un momento crucial en la vida del bebé.
Tu papel es muy importante para que se dé de la mejor forma.

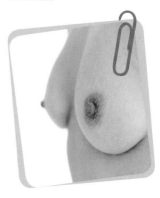

María no quiere dejar de amamantar a Enrique, pero se tiene que reincorporar al trabajo y su puesto la obliga a viajar con frecuencia. Ha decidido destetar a su pequeño, que tiene cuatro meses, e intentar estrechar su vínculo emocional con él a través de otras actividades. Sabe que lo recomendable es hacerlo a partir del sexto mes, pero sus circunstancias son las que son y ha de adaptarse a ellas. Como ella, muchas mujeres se preguntan cuál es la mejor forma de retirar el pecho a los bebés. Ten presente que el momento del destete es una elección tuya y del bebé. Hay mamás que lo hacen coincidir con la vuelta al trabajo y bebés que pierden el interés por el pecho en cuanto prueban alimentos sólidos, o renuncian a la leche materna cuando son más grandes e independientes, mientras que otros pequeños son felices con la lactancia hasta pasados los tres años. Cada bebé es único y el proceso distinto.

El destete gradual es uno de los más recomendables. Se puede planificar, es menos traumático para el bebé y el pecho de la madre asimilará mejor los cambios hormonales y la congestión. Lo ideal en este caso es que identifiques las tomas en las que el niño muestra menos interés; éstas deberán ser las primeras que suprimas. También es buena idea que pienses en otro alimento o actividad que sustituya ese momento en que le dabas el pecho. Te puede ayudar ir suprimiendo una toma cada cinco días, es decir, primero eliminas por ejemplo la de media mañana y cinco días después la de la tarde. Siempre es más complicado prescindir de la nocturna porque, para el bebé, es un momento muy reconfortante antes de dormir, aunque existen algunos trucos que lo hacen más fácil. Cambiar la rutina previa al momento de acostarse es uno de ellos; así, el niño no identifica que es hora de dormir y, por tanto, de tomar el pecho. Otro truco sencillo es no ofrecerle el pecho con frecuencia y esperar a que sea él quien lo pida, sobre todo cuando el pequeño tiene ya un año y es más fácil sustituir el pecho por otros alimentos. Puedes bañarlo, contarle un cuento, dormirlo en un lugar distinto o que sea el papá el que le dé el biberón antes de acostarse. En cualquier caso, hay que armarse de paciencia y ser muy flexibles, porque cada niño es un mundo. Incluso hay bebés que pueden vivir el destete como una situación muy estresante.

Si retiras el pecho antes de los seis meses, es importante que sepas que a esta edad los niños tienen necesidad de mamar y, a veces, confunden pezón y tetina. Procura hacer el cambio de pecho a biberón cuando el bebé esté tranquilo y no tenga mucha hambre.

Algunas mujeres se ven obligadas a realizar un destete repentino, bien porque el niño rechaza el pecho, y se aprovecha para pasar al biberón, o por alguna enfermedad de la madre incompatible con la lactancia. La suspensión brusca de la lactancia produce una congestión en los conductos mamarios y, a veces, infección en los pechos. Si es tu caso, no te preocupes, existen métodos para disminuir la intensidad de estos síntomas.

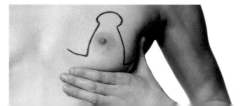

Prepara, limpia, almacena y alimenta correctamente con la fórmula

- **Limpia los biberones y tetinas con jabón y, después, hiérvelos en una cacerola durante diez minutos.** Se deben dejar enfriar en el agua de cocción. También puedes usar un esterilizador eléctrico.
- **Prepara la leche siguiendo las instrucciones.** No la diluyas ni la prepares más concentrada de lo recomendado, ya que esto puede ser perjudicial para tu hijo. No le agregues azúcar.
- **Guarda las latas de leche en polvo en un lugar fresco y seco, bien cerradas.** Lávate siempre las manos antes de manipular la leche y hacer la mezcla. Una vez terminada, guárdala en el frigorífico en biberones individuales. Durante el primer mes, tu bebé puede necesitar, al menos, ocho biberones al día. Entre los cuatro y los seis meses reclamará alrededor de seis diarios.
- **Calienta la leche al baño maría.** Comprueba siempre la temperatura en tu mano antes de alimentar al bebé.
- **Sostén a tu hijo cerca de ti y establece contacto visual.** Sujeta el biberón de manera que la tetina y el cuello estén siempre llenos de leche para evitar que el niño trague aire.
- **Desecha la leche sobrante después de cada toma.** No la guardes ni la uses de nuevo.

Sácate la leche justa para aliviar las molestias (no vacíes el pecho; si no, no dejarás de producir leche). Si sientes escalofríos, dolor en el pecho y fiebre, puede que el médico te recete antibióticos.

Lo ideal es un destete natural y progresivo, que suele ocurrir entre el año y los tres años. En esta etapa, el nivel de hormonas desciende más lentamente y hay menos probabilidad de que aparezcan episodios de tristeza. El niño es quien marca el ritmo, que va coincidiendo con su grado de independencia.

Ahora bien, el destete emocional es otra cosa. La reducción de prolactina puede ocasionar lo que se conoce como «tristeza maternal temporal» (llanto, pérdida de apetito, confusión, insomnio y cambios de humor), un fenómeno que desaparece en cuanto se equilibran los niveles hormonales. Se recomienda comer bien, hacer ejercicio, reservar tiempo para ti y desahogarte con alguien de confianza.

En cualquiera de los casos, existen formas de controlar la producción de leche y hacer más fácil la transición del pecho al biberón. Existen trucos caseros que pueden aliviar este proceso, como paños fríos u hojas de repollo dentro del sujetador, remedios de herbolario y, bajo prescripción médica, estrógenos.

Otro aspecto importante del destete es la elección que se haga de la leche de fórmula. Las hay para todas las necesidades y edades.

Tipos de leche

Cuando decidas darle a tu hijo leche de fórmula, consulta a tu pediatra. La variedad es amplia y seguramente algunas se adapten mejor que otras a las necesidades de tu pequeño.

Leche de inicio basada en leche de vaca. Es la más habitual. Los bebés suelen tomarla hasta los seis meses. Se trata de una mezcla de proteínas de leche de vaca con minerales, vitaminas, grasas y azúcares. Si tu hijo está sano y no presenta ninguna reacción alérgica, ésta es la opción ideal.

Leche con proteínas de soja. Hay niños que tienen intolerancia a la proteína de leche de vaca. En estos casos, el niño está nervioso, regurgita mucho y tiene gases. El pediatra será el que te indique si es necesario cambiar la leche de inicio por una de soja. Si tu hijo es vegetariano, ésta es la opción adecuada. También es la leche que toman los bebés con galactosemia o deficiencia congénita de lactasa.

Fórmula para prematuros. Los niños que nacen pretérmino necesitan un aporte mayor de calorías, proteínas, vitaminas y minerales que los bebés que nacen en su fecha. Podrás cambiar a la leche de fórmula común cuando el pequeño alcance el peso normal para su edad.

Leche de inicio predigerida o hidrolizada. Los bebés que sufren cólicos o son sensibles a la proteína de la leche encuentran en esta fórmula la solución perfecta. En este caso, las proteínas de la leche predigerida se han fragmentado para que estos niños puedan digerirlas correctamente. Conviene indicar que son más costosas que las comunes.

Fórmula baja en hierro. Esta leche contiene menos hierro del recomendado para el bebé, por lo que no se debe dar antes de los seis meses, ya que una falta de hierro podría provocarle anemia. Es mejor usar una fórmula enriquecida en hierro hasta que el pequeño pueda obtener esta sustancia a través de los alimentos.

Leche de inicio antirregurgitación. Se trata de una leche para niños con necesidades especiales. Es una fórmula con almidón de arroz modificado para que la leche espese y sea más difícil la regurgitación. Es difícil de mezclar y produce heces voluminosas y olorosas.

Leches de continuación. Están indicadas a partir del cuarto mes y hasta los tres años. Aunque los niños pueden tomar leche de vaca a partir del año, el pediatra te indicará cuándo introducirla o si es mejor seguir con alguna de fórmula para suplir necesidades particulares.

Este tipo de leche se puede adquirir con distintas presentaciones. Las hay listas para el consumo inmediato, que no necesitan agua para prepararlas; también en polvo, que se mezclan con agua y son las más asequibles, y concentradas, a las que asimismo hay que añadir agua.

Los primeros sólidos

Tu hijo inicia un trayecto determinante para su vida futura: va a incorporar nuevos alimentos a su dieta. Los hábitos alimenticios incidirán en su desarrollo y en su salud a largo plazo.

El hijo de Rosana no deja de meter la mano en la comida de sus papás. Cada vez que toma su ración de leche parece quedarse con hambre. Lo que le ocurre a Mateo es que, a sus cuatro meses de edad, ya está listo para incorporar a su dieta los primeros sólidos. Éste es un proceso normal, ya que el sistema inmunológico y digestivo del bebé está preparado para digerir sólidos a los cuatro meses. Pero todavía no sabe masticar, por eso has de darle todo en forma de puré. Lo que sí aprenden a esta edad es a beber de la taza antiderrames. Hasta los seis meses, los niños tienden a sacar y expulsar la comida con la lengua; un mecanismo de defensa contra el atragantamiento que hará que cada vez que le introduzcas una cuchara con comida la expulse de manera automática. Comienza así una aventura que consolidará la autonomía e independencia de tu pequeño. Ten presente que, cuando un niño de esta edad come, tiene

que aplastar la comida contra el paladar, así que es posible que se atragante o tosa las primeras veces. Sólo necesita tiempo para controlar el movimiento de la lengua y aprender a comer de esta manera.

La forma de introducir la alimentación complementaria puede variar de un niño a otro. Existen, sin embargo, algunas recomendaciones que no debes olvidar, aunque debes tener en cuenta que lo mejor es, en cada caso, seguir las recomendaciones específicas del pediatra. La alimentación complementaria no debe introducirse antes de los cuatro meses de edad ni después de los seis meses. El desarrollo de su aparato digestivo y sus riñones no permite digerir otros alimentos hasta ese momento. La introducción de los alimentos nuevos ha de ser siempre lenta y progresiva, separando al menos cinco días la introducción de cada uno. De esta forma, si aparece una intolerancia, será más fácil saber qué alimento

la produce. Los alimentos no lácteos no deben proporcionar más del 50% de las calorías de la dieta durante el primer año de vida, ya que de otra forma no se cubrirían las necesidades de calcio. Se aconseja que durante todo el primer año la ingesta de leche no sea nunca inferior a quinientos centímetros cúbicos al día, cifra en la que se incluyen productos lácteos como el yogur.

Los alimentos con gluten no se deben introducir antes de los seis meses, para evitar alergias. Debes saber que la intolerancia al gluten (celiaquismo) es más frecuente en los niños con síndrome de Down. Los alimentos que pueden producir reacciones alérgicas, como pescado, huevo, fresa, kiwi, etc., se deben posponer incluso hasta los doce meses en niños con antecedentes familiares de alergia.

{ Ofrece a tu hijo la cantidad justa de alimento. No por comer más crecerá mejor.

Un día nutritivo en la vida de tu bebé de 4-6 meses

La dieta de un niño de esta edad deberá contener los siguientes alimentos:

– Leche infantil de continuación, tipo 2.

– Cereales infantiles sin gluten.

– A los cuatro meses, frutas (manzana, plátano, pera, naranja).

– A los cinco meses y medio, puré de verduras con pollo.

Comida casera

Recuerda que la mejor comida es la casera, con ingredientes frescos y sin aditivos ni saborizantes. Procura hacer tú misma los purés y ten en cuenta que no hay que añadir sal ni azúcar o miel en los preparados que le hagas. Todavía no está listo para digerir algunos ingredientes de estos productos.

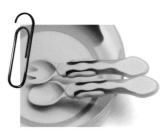

Cucharas, tazas y platos

El niño que empieza a comer necesita surtirse de nuevos utensilios que hagan más atractivo el emocionante viaje que representa la alimentación con frutas, verduras, carne y pescado. Además de baberos, biberones y chupetes, habrá que añadir un buen kit de supervivencia apto para esta edad. Ahí va la lista:

• Manteles de plástico.

• Una trona segura y cómoda.

• Tazas con tapa antiderrames.

• Alfombrilla impermeable para colocar debajo de la trona.

• Cucharas de caucho o plástico.

• Plato de plástico con divisiones para poder colocar distintos alimentos. Si tiene ventosas que se adhieran a la superficie, mejor.

• Licuadora o batidora para hacer purés.

{ Si el bebé está estreñido, utiliza frutas laxantes como naranja, mandarina, pera y uvas. Si tiene diarrea, que consuma frutas astringentes como plátano y manzana.

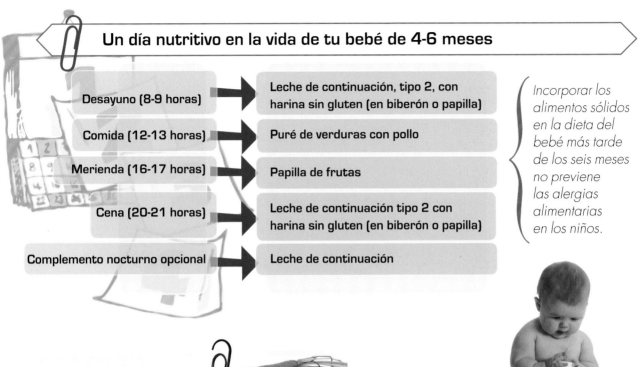

Un día nutritivo en la vida de tu bebé de 4-6 meses

Desayuno (8-9 horas) →	**Leche de continuación, tipo 2, con harina sin gluten (en biberón o papilla)**
Comida (12-13 horas) →	**Puré de verduras con pollo**
Merienda (16-17 horas) →	**Papilla de frutas**
Cena (20-21 horas) →	**Leche de continuación tipo 2 con harina sin gluten (en biberón o papilla)**
Complemento nocturno opcional →	**Leche de continuación**

Incorporar los alimentos sólidos en la dieta del bebé más tarde de los seis meses no previene las alergias alimentarias en los niños.

Mejor al vapor

Las verduras cocinadas al vapor conservan el sabor y los nutrientes. Por este motivo, el vapor es la técnica idónea para preparar la comida de tu bebé. Debes saber que las vitaminas B y C son solubles en el agua y se destruyen al cocinarlas, especialmente durante la cocción. Algunas verduras pierden hasta el 60% de sus antioxidantes cuando hierven, pero menos del 7% cuando se hacen al vapor. El microondas también es un buen medio para elaborar la comida del bebé. Requiere poca agua y las vitaminas no se filtran con esta, por lo que no se destruyen. Otra ventaja es la rapidez. Además, también se puede utilizar para cocinar el pescado.

Para triturar y hacer purés de fruta, verdura, pescado y carne necesitarás una licuadora o batidora y un exprimidor para los zumos, que debes dar a tu bebé frescos y recién exprimidos.

Es mejor que la comida esté a temperatura ambiente, ya que el paladar de los niños es muy sensible. Compruébala siempre antes de dar de comer a tu hijo.

Listo para comer

Cada bebé es único, pero hay formas de detectar si tu hijo ya está preparado para lanzarse al mundo de los sabores y las texturas. He aquí algunas pistas:

• Tiene entre cuatro y seis meses.
• Ha duplicado su peso al nacer.
• Mantiene la cabeza erguida y gira de un lado a otro.
• Se mantiene sentado solo o con ayuda.
• Muestra interés por lo que comen los demás y lo pide o trata de cogerlo.
• Sigue teniendo hambre después de haber tomado su cantidad habitual de leche materna o de fórmula.
• Se lleva la mano a la boca y se muerde los dedos.
• Parece tener hambre todo el tiempo.

Qué comer y por qué

Cereales sin gluten. Se introducen habitualmente entre los cuatro y cinco meses. Aportan hidratos de carbono, proteínas, minerales, vitaminas (especialmente la B), ácidos grasos esenciales y hierro. Los cereales sin gluten se añaden en los biberones de fórmula de continuación una vez preparados. Es importante respetar la dosis que indique el fabricante. Añadir más o menos cantidad puede incidir directamente en la salud de tu bebé. Si alimentas a tu hijo con leche materna, agrega el cereal a otros alimentos como las frutas.

Fruta. Se incorpora entre los cuatro y cinco meses. Contiene hidratos de carbono, vitaminas y fibra. Lo mejor es utilizar la fruta de temporada, madura y recién preparada, excepto el kiwi, la fresa y el melocotón, pues son más alergénicos que el resto de frutas. Lo ideal es que comiences con naranja, mandarina, pera, manzana y plátano, de una en una. Las frutas empiezan a darse junto a una toma de leche y se va aumentando progresivamente la cantidad hasta sustituir la toma de biberón o de lactancia materna por la papilla de frutas. No añadas miel, galletas, leche condensada ni azúcar a la papilla, ya que el bebé aún no puede digerir algunas de las sustancias que contienen estos productos. Si tu pequeño toma el pecho, se pueden añadir los cereales al preparado de frutas. Procura no darle zumos ni papilla de frutas en biberón, así evitarás que la sacarosa que contienen le produzca la conocida caries por biberón.

Cereales con gluten. A partir de los seis meses sustituye gradualmente los cereales sin gluten por cereales con gluten. Tu hijo los tomará hasta los dieciocho meses aproximadamente, edad en la que se debe abandonar el biberón. A partir de aquí, podrás aportarlos a la dieta en forma de papilla, pan, pasta, arroz o galletas. El gluten es una proteína vegetal que contienen cereales como el trigo, la avena, la cebada y el centeno.

Carne. A partir de los seis meses, incorpora al puré de verduras unos 10-20 g de carne diariamente, aumentando progresivamente hasta 25 g a los doce meses. Aporta proteínas de alto valor biológico, hierro, fósforo, potasio y vitaminas del grupo B. Puedes utilizar todos los tipos de carne (pollo, ternera, cerdo, conejo, cordero, etc.) siempre que esté bien cocida y sin grasa. Evita cocinar vísceras.

Verdura. Se introduce a los seis meses. Aporta hidratos de carbono, vitaminas, minerales y fibra. Su contenido en proteínas es muy escaso. Incorpora las verduras de una en una hasta preparar un puré variado (puerro, judía, calabacín, tomate, zanahoria, etc.). Para hacerlo, tritura la verdura con la batidora o con una licuadora (que conserva la fibra, al contrario que el pasapurés, que la separa) y, al final, añade una cucharadita de aceite de oliva crudo. Espinacas, remolacha, lechuga, acelga y nabo son ricos en nitratos y no se deben introducir hasta pasados los diez meses, para evitar lo que se conoce como metahemoglobinemia. Tampoco se recomienda la introducción precoz de las coles de Bruselas, la coliflor y el brócoli, porque producen muchos gases. No añadas sal al puré.

Yogur. A partir de los seis meses puedes darle a tu bebé yogur preparado con leche adaptada para lactantes. Al igual que la leche, aporta proteínas, calcio y vitamina D. No enriquezcas el yogur con azúcar ni miel durante el primer año.

Agua. Hasta la introducción de la alimentación complementaria no es necesario ofrecer agua al lactante salvo en situaciones especiales (calor intenso, fiebre, vómitos o diarrea). Sin embargo, una vez que introduzcas los sólidos, es recomendable darle agua con las comidas, debido a la mayor densidad calórica y contenido proteico-mineral de este tipo de alimentación.

Alergias alimentarias

Si en tu familia es común algún tipo de alergia o intolerancia alimentaria, tu hijo tendrá más probabilidades de desarrollarla. Algunas medidas te ayudarán a evitar las alergias o a tratarlas adecuadamente.

Teresa ya estaba sobre aviso. Su marido no puede comer marisco porque se le inflama la garganta y casi no le deja respirar. Ella es intolerante a la lactosa. Con estos antecedentes, su pediatra le advirtió que iba a supervisar de cerca la alimentación de la pequeña Paloma durante sus primeros meses y años de vida. A Teresa no le gustó oír que su hija tenía posibilidades de desarrollar alguna alergia alimentaria. Pero saber esto la ha ayudado a evitarlas y, gracias a las decisiones que ha tomado, Paloma es hoy una niña sana.

La alergia es un fenómeno por el cual el sistema inmunológico de una persona considera una sustancia generalmente inocua como un invasor peligroso y responde con la producción de anticuerpos que desencadenan reacciones como asma, eccemas o fiebre del heno. En la actualidad se sabe que las alergias alimentarias tienen que ver con el eccema, una dolencia inflamatoria de la piel, y con el asma. Para los niños con riesgo elevado de alergias, la prevención en la alimentación es determinante. Éstas afectan al 4-6% de

los bebés y al 1-2% de los niños pequeños. Algunas se pasan con la edad, pero otras, como la alergia a los frutos secos y al marisco, suelen permanecer toda la vida.

Otra característica común son los antecedentes familiares. Un niño cuyos padres padecen alergias tiene entre un 40% y un 70% más de posibilidades de padecerla. Si es tu caso, puedes evitarlas introduciendo los alimentos especialmente alergénicos más tarde de lo normal en la dieta de tu hijo. Procura retrasar la incorporación de leche, huevos, trigo, soja, cacahuetes y otros frutos secos hasta que cumpla un año.

Los niños con eccema, alergia al huevo o una historia familiar de alergias tienen más probabilidades de ser alérgicos a los cacahuetes. Este tipo de alergia puede producir una reacción grave conocida como anafilaxia, que se traduce en ronchas, inflamación de labios y cara, dificultad para respirar, vómitos, diarrea, calambres y bajada de la presión arterial. Esta reacción grave, que también puede ser causada por pescados, mariscos,

frutos secos y huevo, tiene que ser tratada de inmediato con adrenalina, pues es muy peligrosa. Los síntomas suelen aparecer a los diez o quince minutos de haber ingerido el alimento pero pueden no surgir hasta después de una hora. En general, cualquier alergia alimentaria origina hinchazón, diarrea, vómitos, tirantez de garganta, dificultad para respirar, eccema, picor, etc. En cualquier caso, visita a un alergólogo y nunca te automediques o suprimas alimentos sin consultarlo con él, pues podría tener consecuencias perjudiciales para la salud de tu hijo.

¿Por qué hay que evitar la leche de vaca y cabra hasta el año de edad?

La leche de cabra, al igual que la de vaca, es muy rica en minerales y proteínas. Fomenta el rápido crecimiento de las crías. Sin embargo, la proporción de sales y minerales de esta leche fuerza al intestino y los riñones más de la cuenta si se ingiere en edades tempranas. Es posible que la proteína que contiene esta leche predisponga al bebé al desarrollo de alergias más adelante. Por esto, es mejor no tomar leche de vaca ni de cabra durante el primer año y esperar a que el bebé fortalezca primero el sistema digestivo e inmunológico. La leche de cabra, además, no contiene las cantidades necesarias de folato, hierro y vitaminas A, C y D. Aunque los cuatro últimos pueden proporcionarse como suplemento, no es posible hacerlo con los folatos. El cuerpo no los almacena muy bien y los utiliza para producir células que se dividen con rapidez, como las que hay en la sangre. La deficiencia de folato puede causar anemia y otras irregularidades.

Las fórmulas de leche para bebés que se encuentran en el mercado han sido concebidas para imitar la composición de la leche humana y son el mejor sustitutivo de la leche materna. Además, la leche sin pasteurizar puede suponer un riesgo real de infección y producir desde gastroenteritis hasta tuberculosis. Estas infecciones son muy graves en niños de corta edad. Las leches de fórmula se fabrican según las más estrictas normas de calidad y, si la preparas según las instrucciones, no entrañan riesgos de infección. Los bebés deben evitar consumir productos lácteos frescos, con excepción de la leche materna.

Mucho zumo, mala salud

El abuso de zumos en la alimentación de bebés y niños puede tener consecuencias negativas para su salud. Está demostrado que una ingesta excesiva repercute en niños de estatura más baja y con más probabilidad de obesidad. La mayoría de los zumos sólo proporcionan azúcar y vitamina C y sustituyen a otros alimentos más saludables como la leche o la fruta. Tomar zumos en lugar de la fruta completa no es lo mismo, ya que el niño no tomará el contenido rico en fibra de la naranja. El zumo en grandes cantidades impide además la absorción de parte de los hidratos de carbono, lo que puede provocar diarrea y una interrupción del crecimiento.

Si tu hijo va a la guardería, asegúrate de que todos conocen allí que padece alergia y saben cómo actuar si se produce una reacción.

Consejos para alérgicos

Si existen alergias alimentarias en la familia, estos consejos te ayudarán a evitarlas.

• No compres los alimentos a granel, pueden tener alergénicos de otros alimentos si han estado en contacto con ellos, por ejemplo, durante el transporte o el almacenamiento.

• Lee las etiquetas de los alimentos.

• Procura comer en casa.

• Revisa la composición de los medicamentos. A veces contienen edulcorantes, colorantes y aromatizantes que no son compatibles con una alergia.

• Un alergólogo te ayudará a encontrar el alimento que sustituya al que te produce alergia. Confía en él.

Mejor prevenir que curar

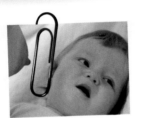

Estas medidas te ayudarán a prevenir alergias alimentarias si tu bebé tiene predisposición.

• Lactancia natural exclusiva durante el primer año de vida. Es la mejor forma de posponer o prevenir las alergias alimentarias y la aparición de eccema y asma. Si no puedes amamantar a tu hijo, opta por una fórmula infantil hidrolizada para bebés con riesgo de alergias.

• Si tú o el padre sufrís alguna alergia de este tipo, evita tomar leche o huevos mientras das el pecho a tu hijo.

• Retrasa seis meses la incorporación de algunos sólidos a la dieta del bebé para evitar los ingredientes más alergénicos, como son la leche y la soja (cuando cumpla un año), los huevos (mejor a los dos años) y los cacahuetes, otros frutos secos, el pescado y el marisco (entre los tres y cuatro años).

Cómo detectar una alergia alimentaria

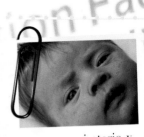

La alergia afecta a la piel, al sistema respiratorio y al intestino. Siempre hay que buscar consejo médico y, en caso de una reacción, se pueden apreciar las siguientes señales:

• Enrojecimiento de la cara, urticaria o sarpullido rojo con picazón alrededor de la boca, la lengua o los ojos. Puede extenderse al resto del cuerpo.

• Hinchazón leve, sobre todo en labios, ojos y cara.

• Nariz congestionada o que moquea, estornudos y ojos llorosos.

• Náuseas, vómitos, calambres en el abdomen y diarrea.

• Boca irritada o picazón en la garganta.

Síntomas graves (anafilaxia)

En este caso hay que acudir a urgencias. Presta atención a los siguientes signos:

• Silbidos en el pecho o dificultad para respirar.

• Hinchazón de la lengua y la garganta. Esto puede causar respiración ruidosa, tos o un cambio en el llanto o la voz de tu bebé.

• Letargo, debilidad o colapso.

Intolerancia alimentaria

Una intolerancia alimentaria es un tipo de alergia a los alimentos. Los síntomas son parecidos, –también hay molestias intestinales–, pero no tiene nada que ver con el sistema inmunológico. Un alergólogo podrá diagnosticar si son debidos a una alergia o a una intolerancia. En este caso, tu hijo puede no tolerar un alimento por otras razones:

• Padecer algún problema intestinal cuyos síntomas sean similares a los de la alergia alimentaria.

• No producir las cantidades necesarias de lactasa, la enzima necesaria para digerir la lactosa, el azúcar natural presente en la leche. El déficit de lactasa puede producir diarrea, hinchazón abdominal y gases intestinales.

• Reaccionar a aditivos alimentarios como los sulfitos.

Mi bebé es vegetariano

La dieta vegetariana también es una opción adecuada para el bebé, sobre todo en los primeros meses.

Si has decidido que tu hijo adopte una alimentación vegetariana, recuerda que ha de ser equilibrada y variada para ofrecerle todos los nutrientes que necesita. Además, la lactancia o la leche de fórmula son parte importante de su rutina alimenticia y satisfarán todos sus requisitos nutricionales. No es necesario comer carne para abastecerse de proteínas; pueden recibirse de otros alimentos. Por eso, no existe mucha diferencia entre un bebé o un niño vegetariano y otro que no lo es. Para empezar, el bebé vegetariano toma leche materna o de fórmula. También cuenta con la introducción convencional de cereales, verduras y frutas. Cuando sea el momento de incorporar la carne, entre los ocho y diez meses, contará con las legumbres como fuente natural de proteínas. En cualquier caso, tu bebé necesita un adecuado surtido de hidratos de carbono, vitaminas, hierro, lípidos y minerales para desarrollarse de forma óptima. Descubre qué le aporta cada sustancia y qué debe tomar el niño vegetariano en particular.

Hidratos de carbono. Son la forma biológica primaria de almacenamiento y consumo de energía. El aporte principal se realiza a través de pan, cereales, pasta, patatas, frutas y verduras. La lactosa está compuesta por galactosa y glucosa y es el principal hidrato de la leche humana; hay 6,8 g por cada 100 ml de leche. Facilita la absorción del calcio, fundamental para la prevención del raquitismo, proporciona hasta el 40% de la energía y arrastra agua a los intestinos, lo que favorece las deposiciones blandas que permiten una mayor absorción de minerales. También facilita la colonización del intestino por el lactobacilo bifidus, que inhibe el crecimiento de patógenos. Es importante que la dieta materna incluya una buena fuente de hidratos de carbono para una producción óptima de leche. La cantidad recomendada es de 210 g al día, el 61% más que una mujer no lactante.

Vitaminas. Son un grupo de sustancias esenciales para el funcionamiento celular, el crecimiento y el desarrollo. Cada vitamina tiene funciones específicas. Puedes presentar problemas de salud si no obtienes la suficiente cantidad de una vitamina en particular y tienes deficiencia de la misma. La vitamina B12 se obtiene de los huevos y la leche, así que los ovolactovegetarianos no encontrarán problemas para conseguirla. Los niños que siguen una dieta vegetariana al cien por cien necesitan tomar leche de soja enriquecida y cereales enriquecidos para el desayuno. Las vitaminas se agrupan en dos categorías:

• Liposolubles: se almacenan en el tejido graso del cuerpo.
• Hidrosolubles: el cuerpo las tiene que usar inmediatamente. Cualquier vitamina hidrosoluble excedente se expulsa del cuerpo a través de la orina. La vitamina B12 es la única vitamina de este tipo que puede ser almacenada en el hígado durante años.

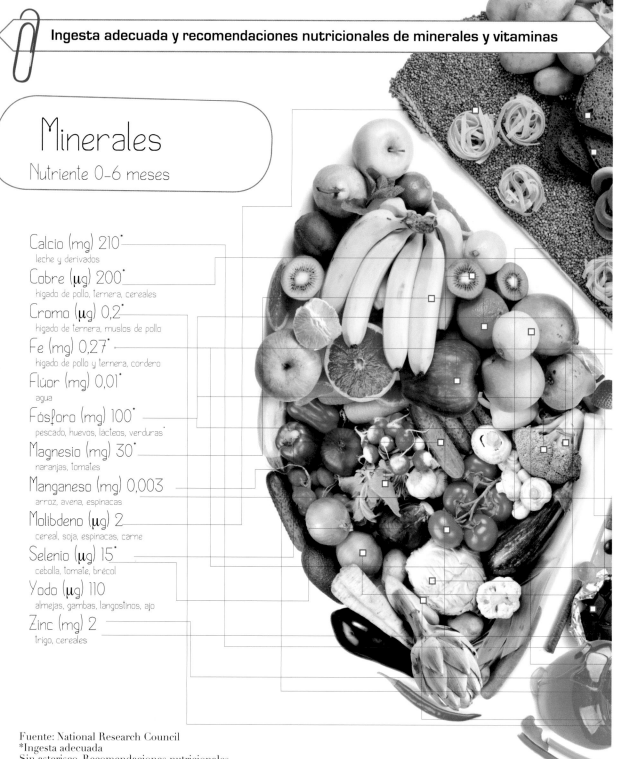

Ingesta adecuada y recomendaciones nutricionales de minerales y vitaminas

Minerales
Nutriente 0-6 meses

Calcio (mg) 210*
leche y derivados

Cobre (μg) 200*
hígado de pollo, ternera, cereales

Cromo (μg) 0,2*
hígado de ternera, muslos de pollo

Fe (mg) 0,27*
hígado de pollo y ternera, cordero

Flúor (mg) 0,01*
agua

Fósforo (mg) 100*
pescado, huevos, lácteos, verduras*

Magnesio (mg) 30*
naranjas, tomates

Manganeso (mg) 0,003
arroz, avena, espinacas

Molibdeno (μg) 2
cereal, soja, espinacas, carne

Selenio (μg) 15*
cebolla, tomate, brécol

Yodo (μg) 110
almejas, gambas, langostinos, ajo

Zinc (mg) 2
trigo, cereales

Fuente: National Research Council
*Ingesta adecuada
Sin asterisco. Recomendaciones nutricionales

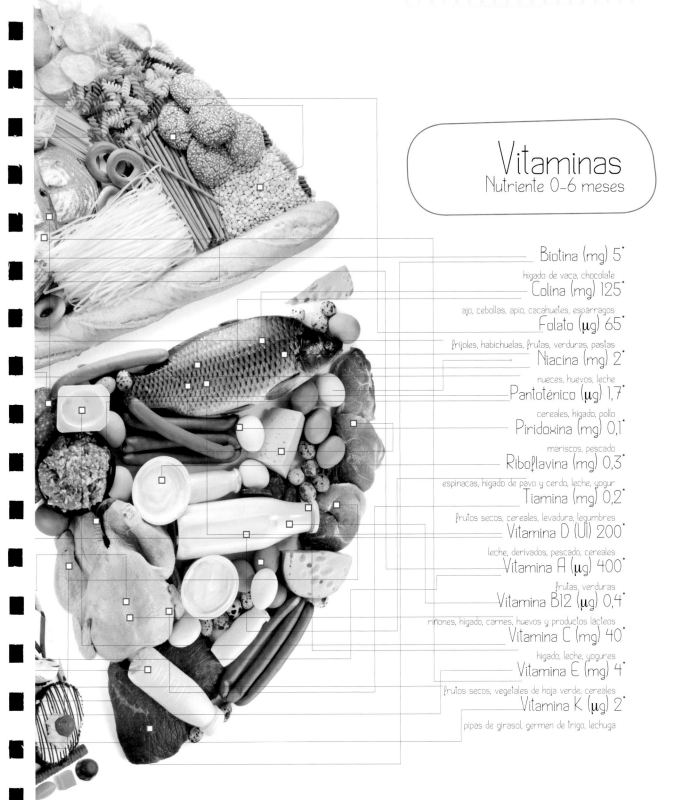

Vitaminas
Nutriente 0-6 meses

Biotina (mg) 5*

higado de vaca, chocolate
Colina (mg) 125*

ajo, cebollas, apio, cacahuetes, espárragos
Folato (μg) 65*

frijoles, habichuelas, frutas, verduras, pastas
Niacina (mg) 2*

nueces, huevos, leche
Pantoténico (μg) 1,7*

cereales, higado, pollo
Piridoxina (mg) 0,1*

mariscos, pescado
Riboflavina (mg) 0,3*

espinacas, higado de pavo y cerdo, leche, yogur
Tiamina (mg) 0,2*

frutos secos, cereales, levadura, legumbres
Vitamina D (UI) 200*

leche, derivados, pescado, cereales
Vitamina A (μg) 400*

frutas, verduras
Vitamina B12 (μg) 0,4*

riñones, higado, carnes, huevos y productos lácteos
Vitamina C (mg) 40*

higado, leche, yogures
Vitamina E (mg) 4*

frutos secos, vegetales de hoja verde, cereales
Vitamina K (μg) 2*

pipas de girasol, germen de trigo, lechuga

Alimentos para bebés vegetarianos

De cuatro a seis meses tomarán:
- Leche materna o fórmula infantil a base de leche de soja.
- Papillas enriquecidas con hierro mezcladas con leche.
- Algunas frutas y verduras, incorporadas paulatinamente.

Lípidos. Son responsables de las reservas de energía y se encuentran en alimentos de origen animal, como la leche y sus derivados, carne, huevo, pescado, frutos secos y aceites. Constituyen la principal fuente de energía en el lactante. La composición de los lípidos de la leche materna varía en función de la dieta de la madre y de la fase de lactancia. Los lípidos principales de la leche humana son:

- Ácidos grasos: El ser humano no puede sintetizarlos, así que debe obtenerlos de la dieta. El conocido como DHA tiene un papel fundamental en el desarrollo del cerebro, los nervios y la retina. El denominado EPA es precursor de las prostaglandinas y leucotrienos, importantes mediadores en los procesos inflamatorios.

- Triglicéridos
- Fosfolípidos
- Esteroles

Las dietas que no incluyen pescado y huevo carecen de ácidos grasos DHA y EPA, llamados omega 3. Se recomienda que los niños vegetarianos tomen este tipo de grasa a través del aceite de oliva. Los vegetarianos consumen menos grasas saturadas y colesterol que los que comen carne.

Minerales. Son sustancias inorgánicas, es decir no sintetizadas por el organismo y que por tanto deben incorporarse a través de la dieta, que cumplen funciones esenciales para la vida. Los minerales más relevantes presentes en la leche materna y más importantes en el periodo de lactancia son el yodo, el hierro, el zinc, el calcio y el cobre. Las recomendaciones diarias de dichos minerales

en la dieta de la madre, para que la leche alcance una calidad óptima, son las siguientes:

- Yodo: 290 µg al día, un 93% más que una mujer no lactante.
- Hierro: 9 mg al día, un 50% menos que una mujer adulta (no hay pérdidas con la menstruación).
- Zinc: 12 mg al día, un 50% más que una mujer adulta.
- Calcio: 1.300 mg al día, un 30% más que una mujer no lactante.
- Cobre: 1.300 mg al día, un 44% más que una mujer no lactante.

El déficit de hierro es uno de los problemas nutricionales más comunes en los más pequeños. Se produce, fundamentalmente, en niños a partir de un año. Sin embargo, no está más extendido en niños vegetarianos, ya que se pueden incluir en su dieta otros alimentos ricos en este mineral, como legumbres, tofu, judías, cereales de salvado o algas. También se recomienda tomar alimentos ricos en vitamina C, como melón, cítricos, mango, piña, fresas, tomate, pimiento, col o patata, pues ésta facilita la absorción de hierro.

El zinc es otro mineral de difícil absorción. Los vegetarianos lo pueden obtener de cereales con salvado, germen de trigo, legumbres, tofu y maíz.

Creatividad en la cocina

El abanico de opciones alimentarias de tu pequeño se abre. Toma nota de las siguientes recetas y de los nutrientes que necesita para favorecer su desarrollo. Pon un punto de diversión a esta etapa llena de retos.

Tu papel ahora es ofrecerle una variedad de alimentos con texturas adecuadas y sabores agradables.

Adriana se lleva las manos a la cabeza cuando llega la hora de la comida de su hijo. Raúl prefiere comer con las manos y no con la boca. Quiere tocarlo todo y parte de la comida siempre acaba en el suelo. El pediatra le ha recomendado a Adriana que tenga paciencia y permita a su hijo experimentar con los alimentos. Desde entonces, la mama de Raúl ha transformado en un juego este momento y, poco a poco, enseña a su hijo la manera de introducir el puré en la boca o coger la cuchara.

Al igual que el bebé de Adriana, tu hijo también necesitará tiempo para adaptarse a la consistencia y a las nuevas sensaciones que comienza a experimentar. Tu papel ahora es ofrecerle una variedad de alimentos con texturas adecuadas y sabores agradables que hagan este paso más emocionante y divertido. Una vez se acostumbre a esta nueva rutina, será más fácil enseñarle a coger los cubiertos y comer más ordenadamente.

La forma de preparar los alimentos influirá en su contenido nutritivo. Para que éste no disminuya, te damos consejos fáciles de cumplir y que quizá no conozcas. Lo primero de todo es lavarse las manos antes de empezar a cocinar. Algo tan simple puede reducir hasta un 23% la incidencia de infecciones. Compra alimentos frescos y fíjate siempre en la fecha de caducidad. Si cocinas frutas o verduras, quítales la cáscara o la piel; tu bebé no puede digerirla todavía. Procura cocer la verdura y la fruta con poca agua o al vapor; es el método más adecuado para conservar los nutrientes (el ácido fólico y la vitamina C se destruyen con la cocción). También es importante retirar del fuego las verduras y frutas en cuanto adquieran una consistencia suave que les permita hacerlas puré; cada producto tiene un tiempo de cocción diferente. Siempre tienes que ofrecerle el alimento con una consistencia de puré, por eso lo mejor es que cueles las papillas hasta

que cumpla nueve meses y sea capaz de deglutir texturas más sofisticadas. Además, nunca añadas sal y azúcar. Por último, separa la ración que se vaya a comer el niño y guarda el resto en la nevera durante 48 horas máximo. No es recomendable guardar las sobras.

Ideas para dar sabor a las papillas

Si se te ha acabado la imaginación, aquí tienes algunas opciones para mezclar ingredientes y que las papillas de tu bebé sean más atractivas y diversas.

- Plátano con papaya
- Plátano con manzana
- Pera y plátano
- Calabaza con calabacín
- Zanahoria con patata
- Zanahoria con pollo
- Calabacín con patatas y pollo

Plantas medicinales: cuándo y por qué

Existe la creencia de que las plantas medicinales son inocuas. Muchos confían en sus propiedades para reforzar el sistema inmunológico o para tratar algunas enfermedades. Sin embargo, aunque son naturales, también se consideran medicamentos y pueden tener efectos adversos si se las das a tu bebé. Un ejemplo es la corteza de sauce, que se utiliza para los resfriados. Esta planta contiene ácido salicílico, el mismo ingrediente activo de la aspirina, y no es aconsejable para los niños porque puede provocarles el síndrome de Reye, un daño cerebral súbito con alteraciones de la función hepática. Por este motivo, es indispensable que consultes a tu pediatra siempre que quieras administrarle este tipo de plantas o cualquier preparado de herbolario.

¡Qué rico!

Papilla de plátano, pera y manzana

Ingredientes:
- 1/4 de manzana
- 1/4 de pera
- 1/4 de plátano
- Tres medidas de leche de inicio o continuación, según indicación del médico
- Dos medidas de cereales sin gluten
- Medio vaso de agua

Preparación:
1. Quita la piel de la fruta, límpiala y trocéala.
2. Añade agua en un cazo y cuece la manzana y la pera durante 15 minutos.
3. Agrega al plátano la manzana y la pera cocidas. Mézclalas con la leche y los cereales y licúa todos los ingredientes hasta obtener una textura fina.

En este tramo de edad se recomienda proporcionar alrededor de 682 calorías al día. De ellas, 413 deben proceder de la leche materna o artificial y 269 de los alimentos complementarios. A la izquierda verás un ejemplo para preparar una suculenta papilla para tu pequeño.

Alimentación
de 7 a 9 meses

Alimentación de 7 a 9 meses

capítulo cuatro

Un nuevo universo

Tu bebé ha iniciado ya la alimentación complementaria. Un universo de texturas y sabores empieza a formar parte de su vida cotidiana. Su desarrollo físico y psíquico también evoluciona a pasos agigantados. Y los padres seguís siendo su principal guía y los compañeros de viaje más importantes.

Si te fijas bien, verás que cada día tu bebé supera un reto nuevo. Celébralo con él y comparte ia emoción de estar a su lado en esta aventura vital. A esta edad, tu pequeño ya puede sentarse solo, empieza a gatear, mira cuando alguien le habla, es capaz de sostener objetos con ambas manos y, seguramente, le saldrán sus primeros dientes. Como ves, su desarrollo es vertiginoso y se enfrenta al reto de tener que adaptarse constantemente a nuevas habilidades. Igual que tú. Otro hecho relevante es que durante el primer año de vida se establecen los patrones alimenticios que las personas desarrollarán más tarde. Por eso, es muy importante que comiences a instaurar hábitos saludables en la alimentación. Para que el niño se habitúe a probar ingredientes distintos, hay que ofrecerle variedad de alimentos. Eso sí, vigilando siempre que tengan un sabor y un aroma atractivos –sin olvidar que los bebés no necesitan condimentar sus comidas igual que los adultos–, que tengan una presentación que entre por los ojos y que el momento de la comida sea un rato agradable en familia, y no un espacio para conflictos o peleas. Igual de importante es evitar las distracciones. A esta edad no conviene jugar ni ver la televisión mientras el niño está comiendo.

Todas las habilidades que el bebé va adquiriendo a la hora de comer también inciden directamente en su desarrollo fisiológico y lingüístico. Está comprobado que los procesos motores de la alimentación son un prerrequisito básico del lenguaje hablado.

Procura darle alimentos no licuados. Son mejores las frutas machacadas con el tenedor.

Comer con los dedos, y hasta con las manos, es el pan de cada día para un niño entre 7 y 9 meses.

El síndrome de Down es una situación especial que requiere de una alimentación particular.

Tres meses intensos

Las capacidades de tu pequeño irán aumentando día a día. A finales del séptimo mes, podrá comer una galleta él solo, balbuceará cuando está feliz y sonreirá mucho. Además, se podrá sentar sin apoyo, protestará si no quiere algo e intentará acercarse al objeto que le llame la atención. Te sorprenderás al verlo gatear o arrastrarse, y cuando diga «papá» y «mamá», ya no dejará de repetirlo. A los ocho meses se levantará y se sostendrá si se agarra de alguien o de un mueble, jugará a esconderse y a aparecer y entenderá la palabra «no». Con nueve meses, tendrá la habilidad de buscar algún objeto, utilizará el dedo pulgar e índice como pinza para agarrar, dirá adiós con la mano, hará rodar una pelota e incluso podrá beber de una taza por sí solo, decir alguna palabra más y responder a órdenes sencillas. Todas estas destrezas le ayudarán a modificar sus hábitos alimenticios. El pequeño ya come en la trona, coge comida con los dedos, permanece erguido y rechaza un alimento si no le gusta o no tiene hambre.

Esto es debido a que los músculos que se entrenan al comer son los mismos que luego se utilizarán para producir sonidos entendibles. Todas las actividades relacionadas con la alimentación que realiza el bebé desde que nace, como la succión, la deglución y la masticación, son indispensables para el desarrollo del habla. Por este motivo, el proceso de la alimentación es fundamental, y el adulto debe saber cómo favorecerlo para que su hijo adquiera esta facultad de manera correcta y natural.

Los especialistas aseguran que el niño, entre los siete y nueve meses, debe empezar a usar la cuchara y acostumbrarse a texturas y alimentos distintos que favorezcan los músculos que luego participarán en la adquisición del lenguaje. La succión implica un rozamiento labial que le ayudará a pronunciar la «p» y la «m». Y la deglución (tragar el alimento) favorece los sonidos guturales, parecidos a la «g». ¿Cómo influye que el bebé no haya desarrollado correctamente o a tiempo la succión y la deglución?

En este caso, el pequeño puede retrasar sus patrones articulatorios y la pronunciación de fonemas. Recuerda que aunque tu hijo no tenga dientes, puede masticar vegetales y frutas blandas o cocidas con las encías; esto le ayudará a continuar el viaje hacia la niñez.

En definitiva, la adquisición de nuevos hábitos alimenticios y sabores distintos es simultánea a los cambios que afectarán a la capacidad física y psicológica de tu bebé. El niño es un todo y no se debe descuidar ninguno de sus ámbitos.

Nuevos sólidos en la dieta

La aventura continúa. Durante este par de meses, tu pequeño ampliará el abanico de alimentos que ingiere. Más fruta y verdura, además de la incorporación de carne y pescado, serán parte del trecho a recorrer para una alimentación equilibrada.

Santiago ha conseguido que su hijo Esteban pruebe un alimento distinto cada cinco días y ha mezclado algunos vegetales en sus papillas. Ahora que su pequeño ya no sólo toma leche, él puede participar más de las rutinas del bebé. Además, Esteban sorprende cada día con sus nuevas habilidades a sus padres. A esta edad en la que se encuentra, siete meses, Esteban, ya tiene listo su sistema digestivo para degustar e ingerir más nuevos alimentos. Además, sus papilas gustativas están ansiosas por desarrollarse con nuevos sabores. Si tu bebé ha sobrepasado el medio año de vida, vigila que no se haga perezoso con la comida, estimúlalo para que mastique, trague y pruebe diferentes sabores. Si sucumbes a su rechazo de la novedad, seguramente terminará por querer comer sólo purés y leche. A los siete meses la madurez fisiológica e inmunológica del bebé se ha fortalecido y puede deglutir la comida, su intestino tolera los sólidos que entran a su aparato digestivo y su riñón ya tiene capacidad para filtrar mejor las sustancias de desecho. Al sostener perfectamente su cabeza, puede tener más equilibrio y adoptar una postura adecuada para ingerir alimentos con cuchara o beber de una taza antiderrames.

Las señales que indican que tu pequeño puede enfrentarse al reto de esta etapa son las siguientes: soporta su peso con los antebrazos, alcanza un objeto y los alimentos de la mano de su mamá, se lleva la mano a la boca, explora sus dedos y puños, abre la boca cuando la cuchara roza sus labios y ya ha perdido el reflejo de extrusión, que le impelía a expulsar la comida con la lengua en cuanto entraba en su boca.

Por último, el niño comienza a practicar los movimientos de masticación. Debes potenciar esta actividad, aunque no tenga dientes. Para ello, dale purés y papillas semisólidas.

La comida de tu bebé empezará a parecerse a la de los adultos, con comidas equilibradas y pequeños aperitivos.

Una nutrición sana implica comer gran variedad de alimentos con el fin de prevenir deficiencias nutricionales, pero con moderación –para evitar los excesos calóricos, que causan obesidad–, lo cual debe hacerse desde que tu hijo es bebé.

Más ácidos grasos omega 3

No es nuevo decir que lo que se come incide directamente en el desarrollo de las capacidades cognitivas, físicas, intelectuales y fisiológicas. Por eso, hay que prestarle especial atención a la cantidad de ácidos grasos omega 3 presente en la alimentación de los bebés, ya que su déficit conlleva una peor capacidad visual y mental. La Asociación Española de Pediatría (AEP) advierte de que existe una relación directa entre algunos nutrientes y el desarrollo visual y cognitivo del niño. Para evitar un déficit, señalan que las embarazadas y lactantes son los dos grupos poblacionales que más deben cuidar la incorporación de alimentos ricos en este nutriente. La mujer en estado de gestación lo puede hacer comiendo pescado azul, muy rico en este tipo de ácidos. Así, los niños los recibirán a través de la lactancia. Si tu bebé no toma leche materna, tendrás que complementar la leche de fórmula con suplementos de hierro, zinc y ácidos grasos omega 3. Estos ácidos también son indispensables para niños con enfermedades metabólicas y para bebés prematuros.

Nuevos alimentos

Cereales con gluten. Tu bebé puede tomarlos desde el séptimo mes. Son el arroz, la avena, la cebada y el centeno. También puede comer trocitos de pan, algo de pasta o galletas con poco sabor.

Pescado blanco. Añádelo al puré y altérnalo con la carne a partir de los nueve meses. La cantidad a añadir será algo mayor que la de la carne, unos 25 gramos al día, dos días a la semana. El pescado congelado tiene las mismas propiedades que el fresco. Contiene proteínas y ácidos grasos esenciales. Si tu bebé tiene alguna alergia alimentaria o si algún miembro de la familia las sufre, no le des pescado hasta cumplidos los tres años. Los mariscos, como langostinos, gambas, langosta o cangrejo, tienen un riesgo elevado de producir alergias. Evítalos hasta que tu hijo cumpla el año. Si alguien de la familia es alérgico, espera a los cuatro años. Puedes darle una gran variedad de pescados: merluza, bacalao, lenguado, gallo… Evita los pescados enlatados, pues contienen más sodio. Cocina el pescado en caldo, leche o en el microondas, sin agregarle sal. Sácale todas las espinas y, si puedes, prepara un puré con el líquido de la cocción. Nunca le des pescado crudo, ya que los bebés son más sensibles a los parásitos que puedan contener.

Leche. No utilices leche de vaca antes de los doce meses. Lo mejor en esta etapa es seguir con la lactancia o la leche de continuación.

Huevos. Contienen ovoalbúmina, una proteína con todos los aminoácidos esenciales, hierro y vitaminas A y D. Lo primero que se les da es la yema, que puedes agregar al puré a partir de los ocho meses y medio. Lo ideal es que la incorpores junto a la carne y siempre que esté cocida, nunca semicruda o cruda. Inicialmente se agrega media yema. No superes nunca la cantidad de dos yemas por semana. En cambio, la clara se introduce a partir de los diez a doce meses, momento en el que ya se le puede dar al niño un huevo entero cocido, sin pasar de dos a la semana.

Carne. A los seis meses tu pequeño ya podía tomar pollo, pavo y ternera. Ahora, su espectro de posibilidades aumenta. A los ocho meses podrás añadir conejo, cordero y magro de cerdo.

Lácteos. Si tu bebé tiene ocho meses, intenta darle a probar yogur natural y queso fresco.

Verduras. Ya puedes incorporar más variedad. Después del octavo mes, su aparato digestivo tolera coliflor, brócoli, espárragos, patatas, aguacate, maíz… A partir de los ocho o nueve meses puedes cortar vegetales cocidos en daditos y que los vaya comiendo mientras le das de comer.

Frutas. El sabor dulce agrada a los niños, así que seguro que tu bebé disfruta las papillas y zumos que le preparas desde los seis meses. Ahora, entre los siete y los nueve meses, puedes añadir frutas como piña, mandarina y ciruelas pasas. En este periodo, también puedes mezclar varias frutas, cocidas o muy maduras, y ofrecérselas molidas con un tenedor o cortadas en dados, para que el niño las tome con sus propias manos. En el caso de fresas, arándanos, frambuesas o moras, primero hay que hacerlas puré y colarlas para que no queden rastros de semillas. Aunque puedes darle zumo, asegúrate de que no exceda los 60-90 ml al día, ya que podría quitarle el apetito y que no beba o tome alimentos que son más necesarios para su desarrollo. El zumo de naranja contribuye a la absorción de hierro en los bebés, un elemento muy importante en su primera infancia y que se aconseja, sobre todo, en niños vegetarianos. Evita darle zumo antes de dormir, el azúcar puede adherirse a sus dientes y provocar la llamada caries por biberón. También es muy beneficioso ofrecerle agua.

Comida sí, pero no a la fuerza

Para que tu hijo establezca una relación serena y placentera con la comida, es indispensable que sigas las siguientes pautas.

• No fuerces al niño a comer. La sensación de saciedad y de hambre en los niños está regulada por una especie de reloj biológico innato que debe ser respetado. El apetito del bebé varía día a día. Los niños saben regularse mejor que los adultos. Si el bebé parece saciado, gira la cabeza y cierra la boca frente a la cuchara, no hay que insistir para que vacíe el plato. Seguro que ésta es una táctica que recuerdas de tu infancia y que tus padres, quizá, todavía sostienen como correcta. Pero no es así. Está demostrado que, a esta edad, existen demasiados retos en la vida de un bebé y no es necesario insistir, sobre todo si es la primera vez que prueba un alimento. También puede suceder que, al cabo de un rato, él mismo reclame leche para completar la comida que no quiso. En este caso, puedes darle la leche; tal vez en la próxima comida el niño quiera probar de nuevo el plato que preparaste. Recuerda que estás educando su paladar.

• El niño debe tener una relación serena con la comida. Por ello, debes esforzarte por que el ambiente y el momento de comer sea algo festivo y divertido. No vivas con angustia ni expectativas este momento, pues el niño lo percibirá y la hora de la comida se puede convertir en una pesadilla. Ten paciencia y siempre ponte en el lugar de tu bebé.

• No le des demasiadas proteínas. Durante el primer año de vida, los especialistas afirman que las cantidades apro-

piadas (que dependen de la constitución y el sexo del bebé) van de los 30 gramos de carne diaria en las primeras papillas hasta los 40-50 gramos a la edad de un año. Las proteínas de la carne deben alternarse con otros alimentos también ricos en proteínas, como pescado, yema de huevo o queso.

¿Qué hacer cuando tiene diarrea?

La diarrea en un bebé puede deberse a varios factores: antibióticos, consumo de demasiada fruta o zumo de fruta, sensibilidad a algún alimento, una enfermedad o una infección. En todos los casos las medidas alimentarias son básicas, porque todo lo que beba o coma puede empeorar su situación. La mayoría de las veces debes seguir alimentando al bebé con leche materna o de fórmula. Si se detecta intolerancia a la lactosa, el pediatra te cambiará su leche por otra adecuada a sus necesidades. Los bebés que consumen alimentos sólidos pueden continuar haciéndolo, siempre que no los vomiten. Para algunos pequeños, el retorno a su alimentación normal puede generar de nuevo diarrea, debido a una leve dificultad del intestino para absorber los alimentos. Este tipo de diarrea no dura tanto y tampoco requiere tratamiento, siempre que no haya otros síntomas. La diarrea causada por antibióticos necesita un reconocimiento médico. El pediatra te indicará si hay que interrumpir el tratamiento o te recetará algún remedio o dieta especial para contenerla.

El consumo de líquidos es muy importante, ya que un niño con diarrea se deshidrata fácilmente, algo que hay que evitar a toda costa. En los bebés, la deshidratación es una afección grave. La rehidratación consiste en reponer mediante bebidas los líquidos perdidos y, en caso necesario, en la hospitalización y el tratamiento médico intravenoso.

Síntomas para detectar si un bebé puede estar deshidratándose a causa de la diarrea:

1. El niño está bastante menos activo de lo normal.

2. La diarrea tiene sangre o moco.

3. Aparece después de una semana de viaje o una salida al campo.

4. Está acompañada de vómitos, fiebre o cólicos abdominales.

5. La diarrea es grave o dura más de dos días.

6. La diarrea reaparece una y otra vez o el niño está bajando de peso.

7. El niño tiene signos de deshidratación como boca reseca y pegajosa, no ha orinado durante seis horas, no tiene lágrimas al llorar y tiene los ojos hundidos.

Recuerda que siempre es mejor consultar a tu médico que comprar antidiarreicos sin receta. Pueden ser peligrosos para tu bebé.

Bebés, episodio de estreñimiento

Masajes para aliviar el estreñimiento

La introducción de nuevos alimentos supone también la llegada de problemas distintos. Al comer más variedad, es frecuente que los bebés de seis meses en adelante experimenten algunos episodios de estreñimiento, ya que su estómago y sus intestinos todavía están acostumbrándose a procesar los ingredientes recién incorporados. En estos casos, lo ideal es hacer hincapié en los alimentos ricos en fibra. El mango o la manzana, las verduras en sopas, caldos o papillas y cereales como el trigo son recomendables cuando tu pequeño está estreñido. También puedes ayudar a tu bebé con masajes en el estómago, o moviéndole las piernas en círculo, presionando el abdomen.

Incorporar nuevos alimentos puede provocar estreñimiento en los bebés. Si ves que le sucede a tu hijo, masajea su abdomen.

Comida orgánica, otra alternativa

Esta etapa es una de las más importantes, y tú, como madre, deberás elegir los alimentos que contengan nutrientes apropiados, que sean sanos y libres de microorganismos y sustancias químicas que puedan ser perjudiciales para el bebé. Una alternativa para afrontar la incorporación de los primeros sólidos es utilizar productos orgánicos. Estos alimentos se producen en suelos cultivados con agua pura y donde las plagas se combaten con productos naturales y no con herbicidas, plaguicidas o pesticidas químicos. Sin embargo, ningún estudio ha confirmado ni desmentido que los alimentos orgánicos sean más nutritivos que los producidos convencionalmente. Sí está demostrado que las toxinas son nocivas para el cuerpo humano y, por ende, para el bebé, que además tiene un metabolismo más endeble. Algunos pesticidas pasan a través de la leche materna, lo que significa que el bebé también los absorbe. No obstante, lo que no está establecido son las cantidades que se deben consumir para que aparezcan los citados efectos nocivos en la salud humana.

Aunque son productos más caros que los convencionales, algunas familias prefieren utilizarlos para la dieta de sus hijos por los beneficios que conllevan. Uno de ellos es que la producción orgánica de alimentos prohíbe el uso de aditivos artificiales como grasas hidrogenadas, ácido fosfórico y pesticidas. Algunos estudios vinculan estos productos con problemas de salud como alergias, cáncer o alteraciones de los sistemas endocrino, inmunológico y reproductor. Además, la producción orgánica ayuda a prevenir la erosión del suelo, mejora la fertilidad del mismo y evita la contaminación del medio ambiente. De todas formas, aunque es una opción saludable, es cierto que son productos más caros. Si no puedes permitírtelo, no te sientas mal. Tu bebé estará perfectamente con una dieta rica en vegetales y frutas convencionales.

Los primeros dientes

A partir del sexto mes, al bebé empiezan a salirle los primeros dientes. Esto le permitirá comer sólidos triturados o con más textura, pero también hará necesaria la higiene bucal para evitar la caries por biberón. Puedes darle mordedores que alivien los síntomas típicos asociados a la dentición.

Seguro que te hace mucha ilusión que le salgan los dientes a tu hijo. En esta etapa empezará a babear con frecuencia y querrá morder cualquier cosa. Parece mentira, pero este hecho abre un mundo de posibilidades en la alimentación. También comienza el aseo bucal, siempre de la mano de un adulto. Cuando sólo tiene incisivos, lo idóneo es que uses una gasa para limpiar la zona después de las comidas. En cuanto salgan las demás piezas dentales, utiliza mejor un cepillo de dientes para bebés, que son más suaves. A esta edad no es necesaria la pasta de dientes. Lo importante es evitar la caries de primera infancia o de biberón, que suele afectar a los incisivos superiores e inferiores y se debe al contacto de los dientes con demasiada azúcar. Recuerda que muchos de los líquidos que toma tu hijo contienen azúcar, como la leche de fórmula y los zumos de frutas. Pues bien, la caries se produce cuando el pequeño mantiene durante un tiempo excesivo el biberón o la taza antiderrames con el líquido dentro; de esta manera, el azúcar cubre los

Más vale prevenir que curar

Algunos consejos te ayudarán a no adelantar la visita al dentista:

• No llenes el biberón con líquidos que contengan mucho azúcar, como zumos de frutas.

• Lleva al niño a dormir con una taza antiderrames con agua. Nunca con zumo, leche u otras bebidas.

• Entre los seis y doce meses procura darle sólo leche de fórmula. Nada de zumos naturales ni artificiales.

• No dejes que el niño permanezca con el biberón en la boca como si fuera un chupete si éste contiene zumo o leche. Evita el uso prolongado de chupetes y nunca los untes con miel, azúcar o sirope.

• Enséñale a beber de una taza alrededor de los seis meses de edad y trata de suspender el uso del biberón hacia los dieciocho meses.

• Retira el biberón o suspende la alimentación cuando el niño se quede dormido.

• Limita los zumos a menos de 60 ml al día durante las comidas.

dientes durante intervalos más largos y facilita la aparición de caries, ya que el exceso de azúcar contribuye a la multiplicación de las bacterias cuyos ácidos deterioran el esmalte dental.

La leche materna es el alimento más saludable para los dientes del bebé, porque tiende a disminuir el crecimiento bacteriano y la producción de ácido. Sin embargo, cuando la leche materna se alterna con alimentos o bebidas azucaradas, la tasa de formación de caries puede llegar a ser más alta que con el azúcar solamente.

Dientes limpios, más salud

Anota esto si quieres que tu hijo tenga una buena higiene bucal:

• Después de cada comida, limpia los dientes y las encías del bebé con un trozo de tela o gasa limpias para quitar los restos de comida.

• Comienza con el cepillado cuando al niño le salgan los dientes. Por ahora, no es necesaria la pasta dentífrica.

• Utiliza seda dental sólo cuando le hayan salido todos los dientes de leche, alrededor de los tres años.

• Revisa cotidianamente los dientes de tu hijo e inicia las visitas al dentista cuando haya completado la dentadura, alrededor de los tres años.

No a la caries

Aparte de los hidratos de carbono fermentables, existen otros hábitos que inciden en la aparición de caries:

• La frecuencia con la que los dientes reciben hidratos de carbono.

• El tiempo durante el cual estos alimentos se mantienen en la boca.

• El grado de adherencia de estos alimentos a los dientes.

• El tiempo transcurrido entre la comida y el cepillado, que se debe hacer no más tarde de treinta minutos después de comer.

• El consumo de alimentos dulces o por la noche, cuando la producción de saliva es menor y, por tanto, la eliminación de azúcares disminuye.

• El tipo de hidratos de carbono y la frecuencia con la que se comen inciden más que la cantidad por toma. Los alimentos pegajosos son peores que los que no se pegan.

• La leche y el queso ayudan a prevenir la caries y añaden minerales al esmalte del diente afectado.

Mi niño no me come

Si tu hijo ha adoptado una actitud reticente ante los sólidos y sólo quiere beber leche, no te preocupes, es normal y tienes formas de corregir esta inapetencia.

La escena se repite cada día cuando llega la hora de comer. La hija de Carmen, Leticia, no quiere otra cosa que no sea la leche de siempre. Ni papilla de plátano ni de zanahoria. Todo lo escupe y lo golpea enfadada. Así que Carmen ha optado por consultar con su pediatra la forma de incluir nuevos ingredientes o encontrar la razón por la que Leticia se resiste a probar sabores y texturas nuevas. A lo mejor te sientes identificada con Carmen, ya que la alimentación complementaria puede suponer un abanico de consecuencias que no esperabas, tanto buenas como malas.

Durante los primeros años de vida, pueden aparecer factores que hagan que el niño rechace los sólidos, entre ellos las alergias alimentarias (véase el capítulo 3), el rechazo a ciertos alimentos y la anemia.

Algunas especias son un complemento delicioso y nutritivo. Le pueden dar más sabor y aroma a los purés.

Estos problemas han de ser identificados desde los primeros síntomas, para encontrar cuanto antes la mejor salida y conseguir una dieta equilibrada y saludable para el niño. El rechazo de alimentos es un clásico cuando se trata de vegetales y verduras, ya que el paladar de los niños se inclina más por lo muy dulce o lo muy salado. Para identificar qué alimentos se le resisten, es bueno saber si el rechazo aparece de forma aislada o está relacionado con algún acontecimiento; así, es más fácil identificar el problema y encontrar una solución. A veces por ejemplo la inapetencia aparece después de alguna enfermedad o intoxicación; otras veces la negativa es un simple capricho y tendremos que hallar la forma de diversificar lo que come nuestro hijo.

La falta de apetito o el rechazo a los nuevos ingredientes de la dieta también se pueden deber a las alergias alimentarias. Si tu hijo presenta malestar estomacal, diarrea, urticaria, inflamación de alguna parte del cuerpo o dificultad para respirar después de tomar algún alimento, y eso se repite cada vez que lo consume, hay que consultar al médico. Algunas de las alergias alimentarias más comunes son a productos como leche, huevos, trigo, maíz, pescado, tomate, marisco, frutos secos y semillas.

Por último, también hay que prestar atención a un tipo de anemia común en los bebés,

Potitos, sólo a veces

No hay nada de malo en alimentar al niño con potitos envasados, aunque lo óptimo es que los uses sólo cuando estás muy ocupada o vas de viaje y no tienes manera de conservar en frío los purés frescos. La razón principal es que no tienen el sabor ni el olor de los alimentos frescos y el niño debe acostumbrarse a ellos. Además, si sólo toma potitos, cuando le des alimentos frescos seguramente los rechazará y no querrá comer. Otro beneficio es que si está acostumbrado a los productos frescos, la transición a comer en familia será mucho más fácil. Si después de leer esto quieres hacer el cambio de potito a puré elaborado en casa y tu hijo lo rechaza, prueba a mezclar ambos. Poco a poco, se irá acostumbrando a los sabores frescos.

No hay nada de malo en alimentar al niño con potitos envasados, aunque lo óptimo es que los uses sólo cuando estás muy ocupada o vas de viaje y no tienes manera de conservar en frío los purés frescos.

sobre todo si tomaron durante más de seis meses leche materna como único alimento, consumieron de forma temprana leche de vaca no fortificada o no recibieron las dosis recomendadas por su pediatra de suplementos de hierro. Esta anemia puede producir alteraciones en el desarrollo neurológico, además de incidir en el estado emocional y el desarrollo del lenguaje y ser un factor de riesgo para infecciones.

Trucos para que tu bebé pruebe de todo

No siempre es fácil introducir nuevos sabores en la dieta del bebé. La primera vez que pruebe algo distinto seguramente lo escupirá. Hay que armarse de paciencia y adoptar estrategias que aseguren que tu hijo come más variedad de ingredientes y, por tanto, dispone de todos los nutrientes necesarios para su desarrollo. Apunta algunas ideas que te harán más fácil este trayecto evolutivo.

• **Verdura:** Es frecuente que espinacas, zanahorias y calabacines no sean precisamente los alimentos favoritos del niño. Pero también es cierto que, muchas veces, el rechazo a la verdura está relacionado con una cuestión de consistencia o de presentación. Agudiza tu observación e ingenio e identifica los gustos de tu pequeño. Por ejemplo, si le gusta la textura suave y cremosa, el puré es la solución. Las verduras son ricas en vitaminas, sales minerales y fibra, pero puedes completar estas propiedades nutritivas sustituyéndolas por carne, pescado, lácteos, aceite de oliva, fruta y cereales integrales.

• **Carne:** Lo que menos le gusta a los niños de la carne es su consistencia, así que una alternativa puede ser poner carne picada, jamón de York o de pavo muy picadito o la mezcla de la carne con el caldo de verduras. La carne contiene proteínas, vitamina B12 y hierro, que también se pueden obtener del queso, los huevos, el pescado, los cereales y las legumbres.

• **Leche:** Es fundamental en la alimentación del niño. Si tu pequeño presenta alergias que precisan la exclusión de este alimento, o no le gusta nada, apuesta por quesos y yogur, legumbres, verduras de hoja verde, pulpo, calamares, conejo y frutos secos, sobre todo almendras. Eso sí, las legumbres, el pulpo, los calamares y los frutos secos tendrás que incorporarlos a partir de que cumpla un año.

¿Por qué a los niños no les gustan las verduras?

Es un hecho que la aversión a lo verde procede de la más tierna infancia y que los bebés se adaptan mejor al sabor de la fruta que al de la verdura. Generalmente, la introducción de alimentos se hace con normalidad y la dieta es variada y aporta los nutrientes necesarios, es decir, contiene verduras, frutas, carne, pescado... Sin embargo, no es raro que muchos niños hagan muecas cuando ven sobre la mesa lechuga, espinacas o alcachofas. Pues bien, parece que detrás de todo esto se esconde un mecanismo de defensa biológico que rechaza los alimentos con sabores amargos. Ésta es una conclusión de la investigadora americana Julie Mennella, la cual asegura que lo dulce es sinónimo de placer y satisfacción y por eso los niños disfrutan tanto las golosinas. Según Mennella, el paladar tiene veintisiete receptores para los sabores amargos y sólo tres para los dulces, ya que, desde los tiempos prehistóricos, este inteligente mecanismo protegía a los seres humanos de consumir alimentos venenosos, muchos de los cuales tenían un sabor amargo. Otro aspecto que también influye es que muchos medicamentos tienen sabor amargo y los pequeños establecen una relación entre medicinas y verduras. La clave para evitar el rechazo es no forzar nunca al niño a comer algo que no quiere y presentar las verduras de una forma atractiva y mezclada con alimentos que sí le gustan.

Hierbas en la cocina, un aliado

Algunas especias son un complemento delicioso y nutritivo para tu bebé. Le pueden dar más sabor y aroma a los purés. Puedes usar cilantro, albahaca, cebolletas, perejil, romero, laurel y ajo para cocinar pescado, pollo o verduras. Es otra forma de ampliar la dieta, algo muy bueno para sus hábitos alimentarios futuros, y de seducir a tu hijo con sabores más atractivos. Tal vez así decida interesarse por alimentos que no sólo sean leche y aumente su apetito.

Es importante que detectes lo que le gusta, si siente atracción por morder o prefiere las texturas suaves que se deshacen en la boca. Saber esto te dará pistas a la hora de preparar sus comidas.

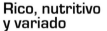

Ideas para que coma

Éstas son algunas ideas para que tu bebé se acerque a los sólidos; una forma de hacer sugerente la comida y ponerla en sus manos. Eso sí, es importante que detectes lo que le gusta, si siente atracción por morder o prefiere las texturas suaves que se deshacen en la boca. Saber esto te dará pistas a la hora de preparar sus comidas.

Para fundirse en la boca. Su consistencia hace que estos alimentos se deshagan con facilidad:
- Palitos de zanahoria y brócoli o coliflor cocidos.
- Pera, plátano, manzana, arándanos, fresas y mango cocidos o en puré.
- Aguacate aplastado con el tenedor.

Para morder y masticar. Si tu hijo prefiere llevarse la comida a la boca y clavar las encías en ella, ésta es una buena opción.
- Patatas cocidas o al horno.
- Palitos de pan, pepino, queso fresco y manzana.
- Pequeños trocitos de pescado o pollo.

Rico, nutritivo y variado

Si no quieres que tu hijo empiece a chantajearte con la comida, intenta seguir estos consejos:
- No le des nunca una recompensa por comer.
- Si no quiere, déjalo e intenta que coma a una hora diferente.
- No le des dulces antes de las comidas.
- No demuestres que tú eres quien necesita que él coma. Hazle sentir que el que se verá afectado es él.
- Una forma de motivar al niño es darle la comida en trozos pequeños, que para él son más fáciles de tomar, y servidos de manera atractiva.

Cocina para una buena salud

Si eres una mamá muy ocupada y no tienes tiempo para elaborar los purés caseros de tu pequeño, te será muy útil disponer de algunos trucos para conseguir que tu hijo coma alimentos frescos y saludables con más frecuencia de la que esperabas.

La agenda de Paula es de vértigo. De lunes a viernes no para, así que ha decidido darle potitos envasados a Valentina. Le agobia no tener tiempo para hacer cada día purés naturales a su hija. Puede que tú también te veas reflejada en el día a día de esta mamá cuya hija tiene ocho meses. Preparar la comida de tu bebé es una de las infinitas tareas que tienes a lo largo del día. Pero hay maneras de lograrlo, aunque no lo creas. Para empezar, puedes hacer más comida de la que vaya a consumir tu pequeño en un día. Así, podrás congelar varias raciones. Parece increíble, pero preparar puré para un mes te llevará sólo dos horas y tendrás la satisfacción de una nutrición excelente para tu bebé. Además, podrás disponer de más tiempo para disfrutar con tu hijo o realizar otras actividades. Eso sí, recuerda siempre guardar de forma hermética las porciones que vayas a congelar y anotar la fecha de elaboración. Cuando las vayas a usar, descongélalas 24 horas antes en el frigorífico.

Aditivos y conservantes

No es frecuente, pero algunos fabricantes de comida para bebés pueden incluir ingredientes que no son los más adecuados. Lee atentamente la etiqueta y nunca compres aquellos que contengan sal, azúcar, sodio, benzoato, tartrazina, colorante amarillo anaranjado, o E-110, y algunos colorantes rojos que pueden causar déficit de atención o hiperactividad. También prescinde de los que tienen nitratos. Adiós a cualquier azúcar artificial.

Conservación de los alimentos

Si decides congelar o comprar congelados algunos alimentos, la guía que aparece a continuación te servirá para saber cuánto tiempo se conservan. Esta alternativa te permitirá contar con ingredientes en el congelador para usar en tus papillas naturales sin tener que acudir al mercado con frecuencia.

– Zanahorias, patatas, calabazas, guisantes y batatas: 4 a 5 meses.

– Pollos y productos lácteos: 6 meses.
– Otras carnes: 6 a 12 meses.
– Pescado: 3 meses.
– Alimentos con gluten: 6 meses.

Higiene en la cocina

Cuando hay bebés en la familia, la higiene para manipular y conservar los alimentos es vital si queremos evitar intoxicaciones alimentarias. La Food and Drug Administration (FDA; organismo regulador de la alimentación en Estados Unidos) recomienda lo siguiente:

• Lávate las manos con agua caliente y jabón antes y después de manipular los alimentos.

• Lava tablas de picar, platos, superficies y utensilios de cocina con jabón y agua caliente después del contacto con carne cruda, aves, mariscos, huevos, frutas y verduras frescas sin lavar.

• Carnes, aves y pescados crudos siempre deben quedar separados de los alimentos que estén cocidos o listos para consumir.

• Lava la fruta y la verdura cruda antes de comerla y elimina la suciedad de las superficies con un cepillito.

• Desecha las hojas exteriores de la lechuga y el repollo.

• Quita las partes más maduras de frutas y verduras, ya que pueden contener bacterias.

• Refrigera rápidamente cualquier resto de comida.

• No comas nunca alimentos cocidos que hayan estado fuera de la nevera más de dos horas. Da siempre a tu bebé comida recién hecha.

• Asegúrate de que la temperatura de la nevera es de 5 °C o inferior y la del congelador de -18 °C o inferior, pues retarda el desarrollo de bacterias.

• Una vez el niño recibe alimentos sólidos puedes ofrecerle agua, sin azúcar, miel u otro saborizante o edulcorante. Se puede dar a beber de 20 a 50 ml entre dos y tres veces al día, aparte de la leche. Refrescos en polvo, bebidas azucaradas y sodas están contraindicados.

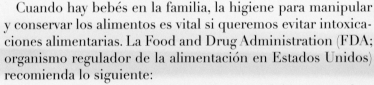

Claves para una alimentación sana

• Leche materna exclusiva hasta los seis meses de edad. Después, complementar con alimentos como papillas de cereales, compotas de frutas y purés de verduras.

• Probar la tolerancia de alimentos nuevos cada cinco días. Incluir carnes en el puré tan pronto como se pueda, para evitar el riesgo de anemia por deficiencia de hierro.

• Si tu hijo no toma leche materna, en esta etapa la única alternativa es una fórmula infantil de continuación.

• No le des leche de vaca durante el primer año de vida; no contiene hierro, es deficiente en algunas vitaminas, tiene exceso de proteínas y grasa de origen animal y carece de grasas indispensables.

• Fomenta la actividad física diaria. Lleva al parque a tu hijo para que pueda estar con otros niños, se mueva e interactúe, o acondiciona un espacio en casa donde el niño pueda expresarse con su cuerpo, adquirir la habilidad del gateo y manipular juguetes, cuentos, etc.

• Que tú y tu bebé consumáis tres comidas principales y al menos dos aperitivos. Por supuesto, cada uno en la medida y porción acorde con su edad, tamaño y actividad física.

• Evita los alimentos empaquetados o envasados.

• Respeta la saciedad del pequeño.

• Lávate las manos antes de comer y después de ir al baño.

• Utiliza alimentos variados para que el niño no tenga un apetito selectivo. Dale a probar cosas nuevas, aunque a ti no te gusten.

• El tamaño de las raciones debe ser el adecuado para el niño.

• Recuerda que ellos aprenden con el ejemplo. Si tú tienes una dieta variada que contenga todos los grupos de alimentos, tu hijo también lo hará.

Lo que debes hacer

Platos sin sal

Hay suficiente sodio natural en los alimentos para que un bebé esté saludable y sin deficiencias alimentarias. Sus riñones no están maduros como para recibir un exceso de sal.

Todo sin miel

No endulces ningún alimento con ella, ni siquiera el chupete. Puede contener esporas de la bacteria del botulismo y causarle una infección.

Las sobras, a la basura

No reutilices las sobras. Pueden estar contaminadas con bacterias o haberse cortado la cadena de frío. Utiliza alimentos frescos o congelados y prepáralos en el día.

Los huevos, nunca crudos

En esta etapa los bebés sólo pueden tomar la yema y siempre cocida.

No a las comidas pesadas

Tu bebé todavía tiene un aparato digestivo sensible. Evita las comidas de textura tosca como galletas de cereales o con salvado y alimentos de difícil digestión.

La comida fría, sí

A la mayoría de los bebés no les molesta. Si quieres calentar la comida, hazlo un rato antes de servirla. También puedes darle papillas de fruta a temperatura ambiente.

Evita productos enlatados o envasados

Tienen mucha cantidad de sodio y son perjudiciales para la salud de tu bebé.

Dale agua durante las comidas

Es buena para el proceso digestivo. Como su estómago es muy pequeño, no le ofrezcas demasiada, para que no le dé sensación de saciedad y no consuma el resto de alimentos que le aportan los nutrientes indispensables.

No lo premies o castigues con comida

Enséñale que la comida no es un premio ni un castigo, sino aprender a tener hábitos correctos.

Elige agua con poco sodio

Si tu pequeño bebe agua embotellada, asegúrate de que no tenga sodio. Lo podrás comprobar en la etiqueta.

Dieta colorida

Una comida es más divertida y mejor aceptada cuanto más colorida sea.

No conserves los alimentos del bebé fuera del frigorífico

Si se rompe la cadena de frío comienza a haber proliferación de bacterias.

Biberones perjudiciales

En estos meses, y debido al destete, muchos bebés habrán comenzado a usar el biberón de forma más cotidiana. Por ello, tienes que estar atenta para escoger uno que no entrañe riesgos para la salud de tu hijo. Por ejemplo, no utilices biberones que estén fabricados con bisfenol A. Canadá fue el primer país en prohibir su venta, le siguió Estados Unidos y en la Unión Europea no se pueden adquirir desde junio de 2011. La razón es que estos biberones pueden tener efectos negativos en la evolución del bebé, afectar a su respuesta inmune o influir en el desarrollo de tumores. Algunas investigaciones también lo han relacionado con mayor riesgo de sufrir problemas endocrinos o diabetes en el futuro.

El bisfenol A es una sustancia química que se utiliza para hacer flexibles los plásticos, pero también está presente en vajillas, recipientes de electrodomésticos, garrafones de agua y en las juntas de goma de las tapas de los potitos. Su prohibición se debe a que, cuando se somete este producto a altas temperaturas, el bisfenol A puede transmitirse al alimento que contiene el biberón. Este componente sintético tiene efectos similares a una hormona humana, el estrógeno, y ha inducido cambios celulares en animales de laboratorio. La toxicidad se produce en el momento de la esterilización, ya que al hervirlos o calentarlos en el microondas, el bisfenol A se libera cincuenta y cinco veces más rápido de lo normal. Aunque ya no están a la venta, si viajas a países donde no está prohibida su comercialización, es aconsejable que leas las etiquetas informativas de composición y elijas solamente aquellos biberones o juguetes que certifiquen que están libres de policarbonato (PC) y PVC. En cuanto a las tetinas de biberones y chupetes, las de silicona son más recomendables que las de látex, ya que estas últimas podrían causar reacciones alérgicas y, además, contener impurezas. La única desventaja de la silicona es que es menos resistente a los mordiscos y menos flexible que el látex. Si por alguna razón debes continuar usando biberones de policarbonato, te recomendamos no lavar con detergentes ni utilizar el lavaplatos. Para evitar el desprendimiento de bisfenol A debes limpiar los biberones sólo con agua jabonosa tibia y una esponja. Ten presente que los cepillos pueden rayar la superficie y aumentar los niveles de desprendimiento del bisfenol A. Asimismo, evita introducir líquidos calientes en estos envases.

Las golosinas, las bebidas gaseosas y los zumos artificiales no son adecuados para los niños en esta etapa. Es importante crear buenos hábitos de alimentación, con variedad de productos frescos y nutritivos.

Hábitos para toda la vida

Tu bebé ya está listo para comenzar a amoldarse a ciertas rutinas. Comer a la misma hora, en el mismo lugar y en familia fomentará buenas costumbres, sobre todo si los papás llevan una dieta variada y nutritiva.

Alimentos, conductas y hábitos son factores esenciales para evaluar si el niño está bien nutrido y tiene un crecimiento adecuado.

Una alimentación sana consiste en proporcionar alimentos cuando el pequeño los necesita y promover conductas que fomenten la adquisición de hábitos saludables, un aspecto de vital importancia a la hora de prevenir enfermedades.

Debes saber que tanto el crecimiento como la división celular y el funcionamiento de las células dependen, entre otras cosas, de la capacidad de las mismas para absorber, asimilar y utilizar los nutrientes que están en el ambiente donde se desarrollan. Por ello, los alimentos se convierten en la principal fuente de nutrientes que proporcionan energía al organismo para construir nuevas estructuras celulares y promover de este modo el crecimiento y el desarrollo.

Dieta completa, equilibrada, suficiente y adecuada

Una correcta alimentación debe incluir todos los grupos alimentarios de manera equilibrada: proteínas, carbohidratos, grasas y vitaminas y minerales, que se encuentran en los alimentos frescos. También ha de ser completa, equilibrada, suficiente y adecuada: completa en la provisión de todos los nutrientes, equilibrada en cantidad y calidad, suficiente para un crecimiento óptimo y adecuada para la edad, actividad física, ciclo de la vida y género. Los tres primeros años de vida son una fase determinante en el crecimiento y el desarrollo del niño. Si en esta etapa no proporcionas a tu hijo los nutrientes indispensables para él, será difícil recuperar el potencial que no pudo expresarse en el tiempo estipulado por su reloj biológico y esto puede afectar a la salud y al desarrollo general de las habilidades cognitivas, físicas y emocionales de tu hijo.

¿Lo estamos haciendo bien?

Para saber si tu hijo está recibiendo los nutrientes adecuados, comprueba lo siguiente:

• Observa que el niño coma todo tipo de alimentos, tome agua y no consuma golosinas, zumos, refrescos, bollería industrial, etc. Si tu hijo está a cargo de cuidadores, indícales qué puede comer y qué no. A veces, ellos pueden desconocer asuntos básicos de la alimentación infantil. Por ejemplo, es posible que tu madre te diera el chupete mojado en azúcar para calmarte y que no sepa que en la actualidad se ha comprobado que a esta edad no es nada adecuado. Informa siempre a la gente que está implicada en el cuidado de tu bebé de por qué no puede comer ciertos alimentos.

• Si quieres tener una guía para ofrecer una dieta equilibrada a tu hijo, un nutricionista infantil te puede ayudar, sobre todo si tienes muchas dudas, tu hijo es inapetente o presenta alguna alergia alimentaria.

• Esta etapa es un buen momento para establecer rutinas y hábitos. Escoge un lugar para que tu hijo haga las comidas principales, como la cocina o el comedor, y que el niño pueda identificar el momento y celebrarlo cuando llegue. Siempre que sea posible, comed en familia. Igualmente, elige un horario fijo y un tiempo estimado para la comida, de 30 a 45 minutos. Y haz siempre un esfuerzo por que las comidas principales incluyan verduras y frutas.

• Si el niño no quiere comer, espera y ofrécele la misma comida más tarde. Nunca le des medicinas para abrir el apetito ni suplementos nutricionales si no te los recomienda su pediatra.

• Si no se come lo que le has preparado, no lo sustituyas por otra comida. No le des un yogur o un zumo en lugar de la papilla. Al final, se acostumbran y asumen la idea de que comer yogur o verduras es lo mismo. Sin embargo, los nutrientes de uno y otro producto son diferentes. Los vegetales, la carne, el pescado y la fruta son imprescindibles en este periodo.

• El ejercicio físico acorde con su edad y dormir bien y las horas suficientes favorecen el desarrollo y crecimiento de tu hijo.

• Evita distracciones a la hora de comer, como la televisión y los juegos.

• Evita premios y castigos relacionados con la comida.

• Evita dar zumos o refrescos durante la comida, pues pueden causar inapetencia.

• No obligues al niño a ingerir cantidades que superen la capacidad de su estómago.

• Está demostrado que la buena alimentación debe estar siempre acompañada de afecto y de la presencia materna o paterna para que el crecimiento y desarrollo del niño sean los adecuados.

Para chuparse los dedos

Existen recetas fáciles de hacer y muy apetecibles. Te damos algunas ideas para que cocines con gusto y variedad. Recuerda que la presentación y la consistencia son lo primero que el niño percibe y que la comida también entra por los ojos.

Ejemplo de menú para una edad de 7 a 9 meses

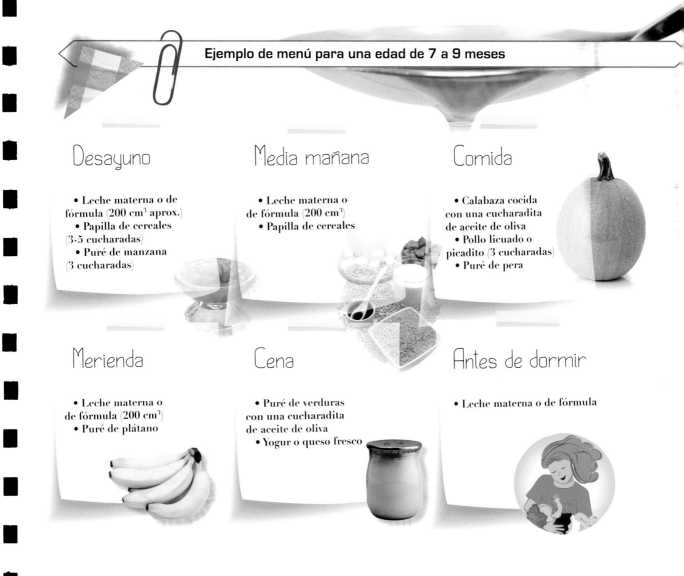

Desayuno

- Leche materna o de fórmula (200 cm³ aprox.)
- Papilla de cereales (3-5 cucharadas)
- Puré de manzana (3 cucharadas)

Media mañana

- Leche materna o de fórmula (200 cm³)
- Papilla de cereales

Comida

- Calabaza cocida con una cucharadita de aceite de oliva
- Pollo licuado o picadito (3 cucharadas)
- Puré de pera

Merienda

- Leche materna o de fórmula (200 cm³)
- Puré de plátano

Cena

- Puré de verduras con una cucharadita de aceite de oliva
- Yogur o queso fresco

Antes de dormir

- Leche materna o de fórmula

Recetas que entran por los ojos

Puré de zanahoria y manzana

Ingredientes:
- Una manzana roja
- Una zanahoria
- Una taza de agua

Preparación:
Cuece los alimentos hasta que estén blandos, al vapor o en el microondas si es posible. Después, licúa los ingredientes hasta obtener una mezcla homogénea.

Puré de manzana y pera

Ingredientes:
- Una manzana
- Una pera madura pelada sin corazón y sin picadas

Preparación:
Pon un recipiente con poca agua y cuece los ingredientes alrededor de cuatro minutos en el microondas. Después, licúa ambas frutas hasta obtener una mezcla de consistencia suave.

Una buena manera de introducir vegetales en las comidas de tu pequeño es mezclarlas con tubérculos como patata o batata.

Puré de pollo, calabaza y patata

Ingredientes:
- 1/4 de pechuga de pollo
- Una patata
- Media calabaza mediana pelada
- Aceite de oliva

Preparación:
Limpia y desgrasa la pechuga de pollo. Mete todos los ingredientes en un recipiente de cocinar al vapor. Cuando estén listos, sepáralos y haz un puré con las verduras. Corta la pechuga en trozos pequeños y mézclala con el puré, con una cucharadita de aceite de oliva.

Puré de espinacas y patata o batata

Ingredientes:
- 50 g de espinacas baby desinfectadas o lavadas
- Una patata o batata cocida y fría
- 125 ml de leche de fórmula o materna

Preparación:
Pon las espinacas en una sartén y cocínalas unos tres minutos para que se ablanden. Extráelas y escurre bien el líquido que hayan soltado. Corta la patata o batata cocida y mézclala con las espinacas y la leche hasta hacer un puré.

Filete de pescado con verdura y queso

Ingredientes:
- Una zanahoria mediana, pelada y en trozos
- 40 g de brócoli
- Un filete de lenguado sin piel
- Leche
- Queso fresco

Preparación:
Cocina al vapor el brócoli y la zanahoria alrededor de siete minutos. Introduce el pescado en el microondas con un poco de agua durante un par de minutos. Después, mezcla las verduras y la leche y haz un puré. Puedes añadir migas de queso fresco para hacer más atractivo el plato gracias a la variedad cromática.

Alimentos beneficiosos para tu bebé

• **Pera.** Rica en fibra y potasio. Tiene vitaminas A y C, calcio, sodio y bajo nivel de calorías. Contiene carbohidratos complejos, que no producen obesidad. Posee dos tipos de fibra, en la cáscara y en el interior. Regula el tránsito intestinal.

• **Plátano.** Gran fuente de potasio. Contiene fibra, carbohidratos complejos y vitamina A. El fósforo que posee favorece el desarrollo cerebral.

• **Papaya.** Rica en potasio, que beneficia a los músculos y al buen funcionamiento del corazón, y vitamina A, que contribuye a regenerar la mucosa intestinal. Es un alimento antibacteriano y contiene fibra. Facilita la digestión del bebé, sobre todo de las proteínas. Es bueno ofrecérsela al niño antes de la comida.

• **Manzana.** Tiene dos tipos de fibra. Ayuda a contrarrestar el estreñimiento y, cuando se consume con cáscara, es útil para combatir la diarrea. Es rica en vitamina C y tiene potasio. Alivia la inflamación del colon. Se utiliza para normalizar el tránsito intestinal y es depurativa. Su aportación de calorías y grasa no es significativa.

• **Zanahoria.** Fuente de vitamina A, un antioxidante que estimula la regeneración de células deterioradas. No tiene muchas calorías ni grasas. Potencia el desarrollo visual del niño. También actúa como laxante y se usa para combatir el estreñimiento y lograr la regulación intestinal.

• **Espinaca.** Contiene vitaminas, especialmente A y C. También es fuente de hierro, ácido fólico, potasio, calcio y fósforo. Se prepara en puré o crema.

• **Arroz.** Cereal que aporta carbohidratos complejos, los que proporcionan la energía que el cuerpo necesita. Beneficia el crecimiento y desarrollo del niño. Es un alimento básico que contiene proteínas en pequeñas cantidades y un gran aporte de calorías. Está compuesto por gluten, una proteína que a veces no es tolerada por los niños. Se puede mezclar con verduras, como zanahoria, espinaca o calabaza, y preparar en puré.

• **Avena.** Aporta carbohidratos y es una fuente de fibra que regula el tracto intestinal. Tiene gran variedad de vitaminas y minerales, como sodio, potasio, calcio, fósforo, magnesio, hierro y vitaminas del complejo B. Permite un gran aporte calórico. Se prepara con leche materna o de fórmula.

Alimentación especial

Algunas enfermedades o alergias obligan a adoptar una dieta particular.
Si tu niño es celíaco, tiene síndrome de Down o padece algún desorden
metabólico como la diabetes, la incorporación de sólidos tendrá
que atenerse a otros patrones.

La diabetes es la segunda enfermedad crónica más común en la infancia. Antiguamente era una dolencia propia de adultos, pero con el crecimiento del índice de obesidad infantil, la vida sedentaria y los malos hábitos alimenticios, los casos de diabetes han aumentado en la infancia. Se trata de una alteración de la producción de la hormona insulina en el páncreas o bien una resistencia por parte del organismo a la acción de la insulina.

Esta hormona ayuda al organismo a transformar el azúcar o glucosa en energía, y promueve así el buen funcionamiento del cuerpo humano. La cantidad de insulina liberada depende mucho de la cantidad de azúcar que se ingiere. Si consumimos más alimentos ricos en carbohidratos (azúcar, pasta, arroz, galletas, etc.), haremos trabajar al páncreas mucho más de lo normal. El 90% de los niños con diabetes tiene la tipo 1, que se desarrolla súbitamente y puede aparecer desde las primeras semanas de nacimiento hasta los treinta años, aunque casi todos los casos se diagnostican entre los cinco y los siete años y en la pubertad. En estos casos, el tratamiento consiste en inyectarse insulina y llevar una dieta adecuada. Existen herramientas para prevenir esta enfermedad desde el nacimiento de los niños. La prevención puede empezar con la lactancia materna, que evita la alimentación artificial, rica en azúcares innecesarios durante esta fase.

Para evitar la obesidad infantil y la diabetes, es necesario que los niños disfruten de una alimentación saludable y no lleven una vida sedentaria. Desde que son bebés, puedes practicar ejercicios aptos para su edad y potenciar las actividades, al aire libre o en casa, donde puedan gatear y mover el cuerpo. Los niños necesitan una dieta rica en fibra y pobre en azúcar. Lo ideal es disminuir la ingesta de azúcares de absorción rápida, como el refinado, el moreno, el cristal de azúcar y la miel, y sustituirlos por los azúcares que ya existen en las pastas y frutas.

Otros niños con alimentación especial son los celíacos. La nutrición de éstos, desde que dejan de tomar leche materna,

Tu hijo podrá adaptarse a nuevas texturas y sabores con paciencia y perseverancia, aunque padezca diabetes o tenga síndrome de Down.

no debe contener alimentos con gluten, pues presentan una alergia que les impide digerir todo lo que incluya este ingrediente. En estos casos, es recomendable que tomen comida hecha en casa, ya que muchos alimentos envasados contienen esta sustancia. Si optas por comprar comida preparada, lee siempre los componentes mencionados en la etiqueta. Por lo general, las asociaciones de celíacos publican las marcas con alimentos sin gluten, lo que puede ser una guía muy práctica si tu bebé es celíaco.

{ *Para evitar la obesidad infantil y la diabetes, es necesario que los niños disfruten de una alimentación saludable y no lleven una vida sedentaria.*

Circunstancias que exigen una alimentación especial

La mala alimentación o alimentación deficiente es un síntoma que aparece en algunos recién nacidos y bebés. Su causa puede estar en una infección o en trastornos metabólicos, genéticos o incluso neurológicos. Si es el caso de tu hijo, tendrás que seguir un proceso de alimentación distinto y deberás ser asesorada por el pediatra o el especialista que trate su dolencia. Los trastornos pueden ser:

• Cualquiera que cause daños al sistema nervioso o debilidad muscular
• Síndrome de Beckwith-Wiedemann
• Herpes congénito
• Hipotiroidismo congénito
• Galactosemia
• Septicemia neonatal causada por estreptococos del grupo B
• Corazón izquierdo hipoplásico
• Botulismo infantil
• Meningitis
• Ictericia del recién nacido
• Conducto arterial persistente
• Bebé prematuro
• Tetralogía de Fallot
• Retorno venoso pulmonar total anómalo
• Fístula traqueoesofágica
• Transposición de los grandes vasos
• Tronco arterial
• Gastroenteritis viral
• Síndrome de Down
• Hendidura del paladar
• Cardiopatía congénita

Consejos sobre alimentación

Si tienes un hijo con síndrome de Down, hay algunos consejos que te pueden servir a la hora de incluir alimentación complementaria:

1.}

Debes insistir en que tu bebé se esfuerce por incluir texturas que no sean sólo puré. Si no ejercita la actividad muscular de masticar, la hipotonía será más grave en el futuro. La única diferencia con un niño sin este síndrome es que la adaptación a nuevas texturas llevará más tiempo, pero lo conseguirás y podrás sentirte doblemente satisfecha.

2.}

Empieza con purés espesos pero licuados. Después, prueba con purés aplastados con tenedor. En el caso de la carne, usa la batidora.

3.}

Cuando veas que el niño ya domina esto, parte los alimentos, deshilacha la carne y observa si puede masticarlos.

4.}

Aunque tu hijo no tenga todos los dientes, dale alimentos como fruta o verdura cocida en rozos que pueda masticar con as encías.

5.}

Vigila que la dieta del niño ea baja en grasas.

6.}

Debe mantener una dieta equilibrada. Si presenta algún trastorno digestivo o es celíaco, tendrá restricciones alimentarias. En este caso, tu pediatra te indicará cómo actuar.

7.}

El síndrome de Down se asocia a ciertas patologías. Entre las más frecuentes están la tiroiditis, la alopecia, el vitíligo y la diabetes.

8.}

La enfermedad celíaca es muy frecuente en el síndrome de Down. Está presente en uno de cada 14-20 niños, frente a la frecuencia de uno por cada 700-1.500 niños sin este síndrome. La sintomatología incluye molestias abdominales, interrupción de la ganancia de peso o de talla y diarrea o estreñimiento. Generalmente, entre los dos y los tres años de edad estos niños se someten a una prueba para ver si padecen celiaquía.

10.}

Su deficiencia inmunológica les hace propensos a frecuentes infecciones de garganta, nariz y oídos, que producen un aumento del tejido linfoide, sobre todo de las amígdalas y vegetaciones. Esto provoca la obstrucción de la respiración y también aumenta la dificultad para el aprovechamiento óptimo de los alimentos y la oxigenación cerebral.

12.}

La inclusión de nuevos alimentos es similar a los otros niños. A los siete meses introdúcele zumo de frutas y carne cocida. A los ocho, cereales con gluten, verduras, pasta, arroz y fruta. Y a los nueve, leche de continuación, pescado blanco, yogur y queso fresco.

9.}

La macroglosia o lengua grande influye asimismo en la alimentación de estos niños. Este fenómeno puede afectar a la respiración, la masticación y el lenguaje. Aunque no tiene solución inmediata, se puede controlar si desde el principio fomentas el desarrollo de todos los músculos de la boca estimulando al niño con nuevas texturas. A veces es necesaria la intervención quirúrgica para reducir el tamaño de este apéndice.

13.}

Cuando empieces con alimentos sólidos, utiliza una cuchara pequeña, plana y redondeada. Pon una pequeña cantidad de alimento en el borde de la cuchara y acércala a la punta de su lengua.

11.}

Los recién nacidos y lactantes con síndrome de Down suelen tener carencia de vitamina K, flúor, hierro y vitamina D, sobre todo si son prematuros.

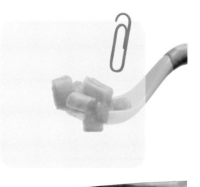

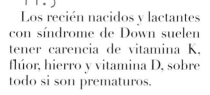

Mi hijo tiene el síndrome de Down

El síndrome de Down es un trastorno genético que tiene que ver con la alteración del cromosoma 21. Los bebés que lo padecen presentan ciertas peculiaridades en el desarrollo y los patrones alimenticios. Algunos padecen hipotiroidismo, que a veces influye en un exceso de peso y, como es sabido, el sobrepeso y la obesidad agravan o favorecen complicaciones como las dolencias cardíacas. Estos bebés suelen tener problemas a la hora de masticar, ya que es común que les falten piezas dentales (a veces les salen a los cuatro o cinco años), que presenten una distribución anormal de los dientes (les salen primero los molares y luego los incisivos), o tengan la boca pequeña y la lengua grande. Además, padecen hipotonía o debilitamiento de los músculos de la mandíbula. La masticación deficiente puede dar problemas de gases y estreñimiento. En la mayoría de los casos, el niño que nace con síndrome de Down tiene un sistema inmunológico menos desarrollado que el de la población general. Por ello, el calostro de la lactancia natural en los primeros días promueve la formación de bifidobacterias, favorecedoras de una buena flora intestinal que protege al bebé de sustancias tóxicas y gérmenes externos. Este beneficio inmunológico no lo aporta sin embargo la leche artificial. Al mismo tiempo, la adecuada composición de la leche materna evita la sobrealimentación del niño, un tema crucial en el síndrome de Down, ya que quienes han nacido con él tienden a desarrollar obesidad en la edad adulta.

Alimentación de 10 a 12 meses

Alimentación de 10 a 12 meses

capítulo cinco

Universo
de
atrevimiento

Tu bebé sigue progresando en la adquisición de habilidades y destrezas. Su dieta es mucho más variada y su capacidad para atreverse con nuevos sabores y texturas le está abriendo un universo cada vez más amplio.

Pero no sólo la alimentación va desarrollando nuevas aptitudes en tu pequeño. A esta edad

ya le habrás oído decir, por primera vez, mamá o papá. Además, quiere comer solo.

También es el momento en el que el niño empieza a levantarse, incluso se agarra al sofá o a la mesa para dar los primeros pasos. Y seguramente a estas alturas tu hijo ya gatea con una facilidad sorprendente; es la forma más rápida que tiene de

trasladarse de un lugar a otro. Asimismo, se ha convertido en un diminuto explorador que saca los cacharros y las ollas de los armarios o se mete en el cesto de la ropa para jugar con lo que surja delante de él.

Ahora más que nunca deberás agudizar tu capacidad de reacción. Su afán de curiosidad e inquietud te obligarán a ade-

La psicomotricidad fina de tu hijo se desarrolla cada vez más. Ahora ya puede usar con mucha seguridad la pinza que hace con el dedo pulgar y el índice para agarrar objetos y alimentos.

La trona es ya parte del mobiliario de la cocina o el comedor. Tu hijo debe comer sentado, utilizar cubiertos adecuados a su edad y beber agua durante las comidas.

Ponerse de pie, caminar agarrado de un mueble o un adulto y querer explorar todo el universo que le rodea es el denominador común de esta etapa.

Niños más autónomos

Sin duda alguna, estos meses son muy emocionantes. Tu hijo ya puede levantarse y quedarse en posición erguida, pasea con ayuda agarrándose a los muebles e incluso puede dar pequeños pasos sin sujetarse a ti. Ya puedes contar entre cuatro y seis dientes que le ayudan a masticar y deglutir los alimentos con más facilidad y le permiten una mejor digestión. También coge objetos y comida que se lleva a la boca y disfruta haciendo rodar la pelota en dirección a la persona que se la lanza. En este periodo, tu bebé se echará dos siestas al día y puede dormir de un tirón hasta doce horas seguidas sin reclamar alimento. Además, cuando se despierta durante la noche o el día, busca a sus papás. De todas formas, también debes estar muy atenta si tu hijo no es capaz de realizar las siguientes acciones en esta etapa: no se sienta, no coge objetos ni los explora, no te llama con la voz, llora mucho o nunca, no se pone de pie, no entiende órdenes sencillas como «toma» o «come» o no balbucea usando consonantes.

lantarte a sus intenciones para evitar destrozos y accidentes. Al menos, la observación directa te permitirá actuar a tiempo.

Y si proteges enchufes, instalas barreras de seguridad en las escaleras, proteges esquinas de mesas que estén a su altura y guardas cualquier objeto que pueda representar un peligro, todo será más fácil para ambos.

Desarrollo vertiginoso

La autonomía que ha adquirido tu hijo te obliga a estar muy pendiente de lo que hace. Es importante conocer su desarrollo y, así, poder crear el ambiente óptimo para su crecimiento integral. Su progreso motor, físico y cognitivo está directamente relacionado con sus capacidades para comer. Ten en cuenta que los elementos que afectan al crecimiento dependen del peso y estatura al nacer, de si ha sido prematuro, de la genética, del patrón individual de crecimiento y de los factores medioambientales.

Elisa ya no es el bebé de antes. Ahora, su espíritu aventurero y su curiosidad son insaciables. Pesa tres veces más que cuando nació, se mueve con una soltura pasmosa y gatea a una velocidad que jamás hubieras imaginado. Eugenia, su mamá, tiene los cinco sentidos en alerta máxima. Es como si, de repente, Elisa hubiera desarrollado habilidades que le otorgan mayor independencia y capacidad de decisión en muy poco tiempo. Seguramente te reconoces a la perfección en Eugenia y su bebé. Por esta razón, te conviene saber qué ocurre en el cuerpo y el cerebro de tu pequeño para que en este periodo de su vida, entre los diez y los doce meses, sea capaz de todo esto. Su progreso cognitivo, motor y emocional le proporcionará herramientas para aprender a alimentarse y empezar a establecer hábitos saludables en otros aspectos de su existencia más allá de la alimentación. Además, descubrirás por qué todo en su mundo y su evolución está interconectado.

{ Cuando los niños gatean, aumentan su nivel de actividad. Por este motivo, tu pequeño necesitará alimentos más energéticos como ternera, pollo, queso, pasta y los frutos secos permitidos.

Psicomotricidad fina

Durante estos meses, tu pequeño gateará con destreza, incluso subirá las escaleras gateando. Además, será capaz de mover el brazo contrario a la pierna que utiliza para avanzar mientras gatea, una habilidad que incrementa la rapidez con la que se desplaza. También podrá ponerse de pie, agacharse y estar en cuclillas, así como recoger cosas del suelo. Su habilidad motora fina está en pleno desarrollo. Ya ha adquirido el llamado «agarre de pinza» para recoger objetos pequeños con facilidad, utilizando el dedo pulgar e índice en lugar de hacerlo con toda la mano. Además, seguro que se lleva todo a la boca, lo que puede resultar peligroso, pues podría atragantarse. Por eso, es necesario descubrir todo lo que a su alrededor pueda generar algún problema. Por otra parte, gracias a que su coordinación mejora durante estos meses, podrá usar un tenedor y una cuchara en las comidas. Eso sí, adecuados a su edad. Una vez que tu bebé perfecciona el agarre, también comienza a arrojar al suelo las cosas, como juguetes, cubiertos, comida… Cuando cumpla un año, ya habrá mejorado su habilidad para jugar a la pelota, apilar torres o cubos y golpear objetos. Justo en ese momento empiezan a decantarse por el uso de la mano, derecha o la izquierda. La mano dominante se hará más hábil y fuerte, pero no es posible determinar si será zurdo o diestro al menos hasta que cumpla los dos o tres años.

Sólo mi mamá

Después de haber disfrutado un tiempo en el que tu bebé parecía no tener inconveniente en irse con cualquiera, ahora tendrás que enfrentarse al llamado síndrome de ansiedad por separación. Tu hijo se volverá un poco antisocial y lo hará casi de la noche a la mañana. Esta conducta se pone de manifiesto principalmente entre los diez y los dieciocho meses. En este momento, el niño sólo querrá estar con las personas de su entorno y llorará desesperadamente cuando alguien desconocido o al que ve de manera esporádica se acerque a él. Algo que puedes hacer para que no sea tan dependiente de ti, o de las personas que lo cuidan, es ayudar al pequeño a ser más autónomo. Por ejemplo, dejarle que vaya a su habitación solo y entrar unos minutos después para comprobar que todo está bien. Una vez pasado este periodo, los niños retoman otra vez su sonrisa y sociabilidad, o bien muestran su timidez, según sea su personalidad. A esta edad, más que jugar con otros niños, desarrollan lo que se conoce como juego paralelo, es decir, están junto a los demás pequeños, pero juegan solos. Igualmente, muchos ya habrán elegido un trapo o muñeco de peluche que llevan a todos lados. Les da seguridad y no es una situación preocupante.

Entre los diez y los dieciocho meses es muy común que tu hijo se vuelva poco sociable de la noche a la mañana. Es el síndrome de ansiedad por separación; el niño sólo querrá estar con las personas más cercanas de su entorno.

Pesa tres veces más

Hacia los diez meses, tu bebé habrá triplicado su peso al nacer y habrá crecido de 25 a 30 cm. Cuando nació, su cráneo estaba formado por muchos huesos separados por espacios llamados fontanelas, lo que permitió que la cabeza se comprimiese sin daños durante el parto. A esta edad, esas separaciones se habrán cerrado considerablemente, aunque es a los dieciocho meses cuando lo hacen definitivamente. Su sistema digestivo también es más maduro; tolera trigo, huevos, legumbres, carne y pescado. Sin embargo, todavía tienes que abstenerte de añadir sal o azúcar a las comidas de tu bebé y ser tan cuidadosa con la nutrición de tu hijo como siempre lo has sido. Una vez el pequeño celebre su primer año, podrá beber leche de vaca entera, si bien muchos especialistas recomiendan tomar leche de crecimiento hasta los tres años. Si tu hijo ya tiene algunos dientes, continúa con la higiene establecida en el capítulo 4 sobre este tema. Si todavía no le han salido (hay niños que inician la dentición después del año), utiliza un paño suave para limpiarle las encías después de comer. Todavía es buena idea esterilizar el equipo que utilices para preparar sus comidas, ya que hasta el año el niño es más sensible a los gérmenes. En cuanto a la preocupación por el peso, no es tan relevante como que sea buena la valoración clínica del niño: su aspecto, vivacidad, si moja entre cuatro y cinco pañales diarios… Es más importante la velocidad de crecimiento que el peso concreto en un momento determinado. La ganancia aproximada entre los seis y los doce meses es de 40-80 gramos por semana.

Primeras palabras

Tu pequeño habrá empezado a comprender algunas palabras, como el significado de «no». Alrededor de los diez meses, te mirará fijamente o atenderá a lo que dices, incluso moverá la cabeza para negar. A los doce meses también puede escoger la opción de ignorarte. Más adelante, entenderá órdenes sencillas como «tráele los zapatos a mamá». Ayúdale a aprender con frases cortas y separadas para que pueda realizar una tarea determinada. Además, estará muy atento a tus respuestas, así que es el momento de ser consecuente con lo que se dice y se hace. Es la ocasión perfecta, asimismo, para marcar los límites y empezar a enseñarle lo correcto y lo equivocado.

Tu hijo tiene unas ganas enormes de explorar, y lo que parece desafiante no lo es debido a su curiosidad natural para descubrir cómo funciona el mundo. Igualmente, está comenzando a usar palabras con significado gracias al desarrollo de los lóbulos frontales, que coincide con la aparición de habilidades cognitivas como el razonamiento y el habla. Por eso, es muy útil que escuches y respondas a las palabras y balbuceos de tu bebé; en este periodo ya es capaz de comprender muchas palabras simples. Una buena idea es que aproveches esta voracidad positiva de tu hijo por hablar para enseñarle modales y decirle qué cosas puede hacer para cooperar, como recoger los juguetes. Enfatiza siempre las expresiones «por favor» y «gracias» cuando le pidas algo u obedezca una petición tuya. Y no olvides que adquirir hábitos requiere tiempo; aunque estás empezado a enseñarle el mundo con palabras que puede comprender, todavía le falta mucho para exigirle que sea un perfecto comensal o que ordene sus juguetes de forma ejemplar sin que se lo pidas.

Comer para seguir creciendo

Los sólidos ya están casi al completo en la dieta de tu hijo. Es necesario que tu bebé no sustituya comidas por leche. Tienes que hacer un esfuerzo para ser creativa y prepararle platos atractivos.

Entre los diez y doce meses, tu bebé ya tendrá la apariencia de un niño. Como hemos dicho, pesará tres veces más que cuando era recién nacido y habrá crecido entre 25 y 30 cm. Gracias a que ya puede coger alimentos con soltura utilizando los dedos y cada vez es más diestro en usar la pinza, es decir, utilizar el pulgar y el índice para coger cualquier cosa, es el momento de darle palitos de zanahorias cocidas o al vapor. De esta manera, practicará cómo comer de forma independiente. Eso sí, nunca dejes de observarlo y cuidar de él cuando esté comiendo para evitar que se atragante. También meterá la mano en tu plato sin preguntarte, pero no pierdas la paciencia, es su forma de conocer el mundo y tú eres su modelo más cercano. Además, intentará comer lo que tú comas y mover la mandíbula para masticar aunque no tenga dientes.

En estos dos meses ya se puede introducir el huevo en la cena, alternándolo con el pescado, una vez por semana. Empezarás con la yema cocida, y el huevo completo se lo podrás dar cuando tolere bien la yema, es decir, a partir de que cumpla un año. La tortilla francesa no se incorpora hasta los quince meses y el momento dependerá de la habilidad del niño para masticar. También podrás incluir en su dieta pasta cocida, pan (evita el pan duro porque aumenta el riesgo de atragantamiento), yema de huevo duro aplastada, purés de carne roja y ave, pedacitos de queso suave pasteurizado y yogur. Además, degustará purés de legumbres de piel fina, como lentejas y alubias. Pásalo siempre por el pasapurés para quitarle las pieles, ya que su contenido en celulosa puede provocar gases o molestias en el estómago. En cualquier caso, cuando tome legumbres dale agua para facilitar el tránsito de la fibra por su intestino.

Tu bebé ya puede seguir un patrón de alimentación parecido al de los adultos. Esto quiere decir que debe incluir dos comidas principales (almuerzo y cena). Lo único que varía es la cantidad, que siempre debe ser adecuada a su peso y edad. Es importante que incluyas verduras en las comidas todos los días; eso sí, cocidas o al vapor, para que el niño pueda digerirlas más rápido y mejor.

En este momento de su desarrollo, las proteínas son muy importantes en la dieta. Alimentos como el pollo, el pescado, las alubias y la carne de ternera son excelentes proveedores de las proteínas y el hierro que tu bebé necesita.

Tentempiés nutritivos

Los tentempiés deben ser nutritivos y tomarse en pequeñas cantidades. Se los puedes dar a tu pequeño dos horas antes de la comida. Ofrécele pedacitos de frutas, queso, yogur... También puedes darle leche o zumo natural de frutas. Sírvele en todo momento agua, pero nunca café, té, refrescos, zumos envasados u otras bebidas por el estilo. En este momento, quedan totalmente excluidos productos como el chocolate, las patatas fritas, los caramelos y las bebidas gaseosas.

Lo único que tienes que vigilar es que la carne esté bien cocida y cortada en pedazos pequeños o desmenuzada. Procura escoger carne sin grasa y, si la tiene, quítasela antes de cocinarla y ofrecérsela a tu hijo.

En esta etapa le resultará más fácil tragar la comida, tendrá algún diente más y los reflejos de extrusión de la lengua y las arcadas, que obligaban a darle al comienzo alimentos semilíquidos y muy blandos, habrán desaparecido por completo. Ahora es el momento de empezar a introducir alimentos picados o cortados en trocitos. Intenta darle pequeños trozos de verduras y legumbres blandas y cocidas, como alubias, pedacitos tiernos de carne picada y aguacate hecho casi puré. A tu pequeño no le saldrán muelas para masticar la comida hasta que tenga entre dieciocho y veinticuatro meses de edad, pero sus encías son sorprendentemente eficaces para triturar los alimentos. Si le están saliendo los dientes, tal vez lo alivie masticar alimentos más duros que pueda tomar con los dedos, pero asegúrate de elegir algo que se disuelva durante la masticación, pues de lo contrario se podría atragantar. Prueba a darle pequeños trozos de pan tostado o manzana pelada y cocida y palitos de zanahoria ligeramente cocidos.

Calorías que necesita tu bebé

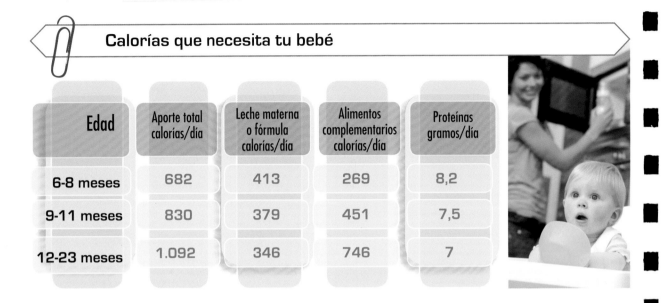

Edad	Aporte total calorías/día	Leche materna o fórmula calorías/día	Alimentos complementarios calorías/día	Proteínas gramos/día
6-8 meses	682	413	269	8,2
9-11 meses	830	379	451	7,5
12-23 meses	1.092	346	746	7

Paciencia a prueba de desastres

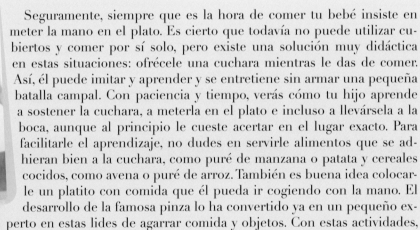

Seguramente, siempre que es la hora de comer tu bebé insiste en meter la mano en el plato. Es cierto que todavía no puede utilizar cubiertos y comer por sí solo, pero existe una solución muy didáctica en estas situaciones: ofrécele una cuchara mientras le das de comer. Así, él puede imitar y aprender y se entretiene sin armar una pequeña batalla campal. Con paciencia y tiempo, verás cómo tu hijo aprende a sostener la cuchara, a meterla en el plato e incluso a llevársela a la boca, aunque al principio le cueste acertar en el lugar exacto. Para facilitarle el aprendizaje, no dudes en servirle alimentos que se adhieran bien a la cuchara, como puré de manzana o patata y cereales cocidos, como avena o puré de arroz. También es buena idea colocarle un platito con comida que él pueda ir cogiendo con la mano. El desarrollo de la famosa pinza lo ha convertido ya en un pequeño experto en estas lides de agarrar comida y objetos. Con estas actividades, tu pequeño perfeccionará su motricidad en las manos.

Para facilitarte el camino, haz acopio de un pequeño surtido de medidas protectoras que te evitarán contratiempos.

• Pon un plástico debajo de la trona donde se sienta tu hijo a comer. De este modo, evitarás manchas y será más fácil recoger los restos de comida que caigan al suelo.

• Los cubiertos adecuados para esta edad son los de mango corto con la punta blanda. Los que tienen extremos curvos hacen que el niño no se introduzca demasiada comida a la vez. Son pequeños y fáciles de usar.

• Ahora sí es verdad que necesitarás tener a mano varios cambios de ropa al día. Claro que, si usas un babero grande que lo cubra suficientemente –es decir, todo el pecho–, evitarás tener que poner demasiado la lavadora.

Alimentos nuevos

Cada mes hay que añadir nuevos alimentos que tu bebé todavía no conozca. Éstos son los ingredientes para tus recetas entre los diez y los doce meses.

Leche. Por sus propiedades nutritivas sigue siendo una parte fundamental de su dieta. Si está bebiendo leche materna, sigue a demanda. Si toma leche de fórmula, asegúrate de que ingiera unos 700 ml por día. Para comenzar a ofrecerle leche entera de vaca es recomendable esperar hasta que cumpla los doce meses. Lo mejor es incorporarla gradualmente. Primero, en cada toma, ve sustituyendo cada vez mayor proporción de la leche habitual por leche de vaca. Debido a la elevada cantidad de proteínas y minerales que contiene la leche de vaca, no debes darle más de 900 ml al día. Muchos profesionales aconsejan retrasar su incorporación hasta los tres años y darle leche de crecimiento hasta entonces. De todas formas, en el periodo que nos ocupa, la ingesta de leche será de fórmula o materna. Después del año, puede tomar leche enriquecida con vitaminas A y D, algo importante para niños que no tomen suficientes vitaminas de este tipo.

Vegetales y frutas. Es muy importante que le des a tu bebé verduras, cocidas o al vapor y cortadas en daditos, en el almuerzo y la cena. No añadas sal. Ya puedes incluir espinacas, remolacha, tomates y cebollas. La fruta también es muy importante. Debe tomarla dos veces al día. Incluye uvas peladas y cortadas en cuartos, pedacitos de naranja o mandarina y manzana cocida o rayada. En cuanto al zumo natural, para esta edad se aconseja entre 60 y 90 ml.

Quesos. Empieza a darle porciones de entre 30 y 60 gr (dos a cuatro cucharaditas) de quesos blandos como *cottage* o Burgos. Después del año ya puedes incluir quesos como *mozzarella* y requesón. Elige productos bajos en grasas, sobre todo si en la familia hay antecedentes de colesterol alto. El queso es rico en calcio, pero tiene mucha grasa.

Yemas y huevos enteros. Cuando tu hijo tenga un año, le puedes dar huevo entero, cocido, revuelto o en tortilla. Antes, sólo podrás ofrecerle la yema de un huevo cocido dos veces por semana.

Yogur. Alrededor de los diez meses, ya puedes agregar yogur a la dieta de tu pequeño. A esta edad, una porción equivale a 75 ml. Se recomienda yogur natural, sin sabor y sin azúcar, al que puedes añadir puré de frutas o frutas frescas. Evita los yogures desnatados. Si el bebé ingiere cuatro tomas de pecho, no necesita otros alimentos lácteos. Además del calcio, los fermentos activos que contiene el yogur favorecen la digestión y protegen la flora intestinal. Si tu hijo tiene intolerancia a la lactosa, seguramente irá tolerando progresivamente el yogur. Consulta con tu pediatra si es buena idea ofrecérselo o no.

Carnes y pescados. Tu bebé necesita pequeñas porciones de alimentos ricos en proteínas. Cada ración equivale a cantidades de entre 15 y 30 gr (una o dos cucharadas). Si no le gusta la carne roja, dale carnes blancas, como pollo o pavo, o también pescado. Los estofados de carne de ternera suelen gustarles. Ofrécele huevos, legumbres o tofu si el niño no come bien la carne. Los garbanzos, lentejas y alubias son muy nutritivos y pueden sustituir a la carne de vez en cuando. Siempre deben estar bien cocidos, sin piel y servidos en puré. Una ración de este tipo de alimentos corresponde a una cantidad de entre 30 y 60 gr (dos a cuatro cucharadas). Puedes añadir tofu a los vegetales para mejorar su sabor y también es muy nutritivo.

Legumbres. Son ricas en vitaminas y minerales. Aportan vitamina B, zinc, calcio, potasio, fósforo y magnesio. Son altamente energéticas y una excelente fuente de proteínas y de hierro. Asimismo, son ricas en saponinas, isoflavonas y folatos, compuestos vegetales muy beneficiosos para la salud. Consumir alimentos ricos en folatos puede prevenir enfermedades coronarias o un infarto. La fibra vegetal que contienen algunas de ellas mejora la actividad intestinal, previene el estreñimiento y protege contra el cáncer, los problemas cardiovasculares, la diabetes y el riesgo de sufrir una trombosis cerebral. En la dieta infantil, las legumbres pueden ser una alternativa a la carne para asegurar una cantidad suficiente de proteínas.

Pasta y germen de trigo. Si tu hijo es propenso a las alergias, espera a darle trigo hasta que haya cumplido un año. Entonces podrás ofrecerle tostadas, varios tipos de pan, galletitas sin sal y toda clase de pasta. Si eliges arroz, que sea de grano corto y pastoso (con gluten o precocido) para evitar que se atragante. Una porción equivale a 1/4 o 1/2 rebanada de pan y entre 30 y 50 gr (dos cucharadas o 1/4 de taza) de arroz o pasta cocidos. Continúa con los cereales en el desayuno hasta, al menos, los dos años; los necesita para cubrir sus necesidades de hierro. Si tu hijo no tiene problemas de alergia, puedes incluir estos alimentos en la etapa de diez a doce meses.

La alimentación con lácteos

La lactancia y la leche de fórmula son importantes todavía para su desarrollo, pero ya es hora de enseñar a tu bebé a utilizar tazas y reducir el uso del biberón. A los doce meses tu hijo cambiará de tipo de leche si toma leche artificial.

A esta edad, muchas mamás continúan dando el pecho a sus hijos o siguen con los biberones de leche de fórmula. Hasta el año, es obligatorio que los bebés tomen leche materna o una artificial adecuada a sus necesidades. En estos dos meses, tu hijo aprenderá a sostener el biberón y podrá trasladarlo de un lugar a otro. Evita que se acostumbre a llevarlo colgado de la boca por todos los rincones de la casa ya que, si no, tendrá que afrontar luego la famosa caries por biberón. Además, es muy bueno ofrecer agua y otros líquidos al niño en tazas, para que se habitúe a beber con más acierto y autonomía. Si tu bebé está acostumbrado a dormirse con el biberón en la boca, una buena idea es darle un juguete o trapito que le brinde seguridad y le permita prescindir del biberón. En esta edad, el consumo de verduras y frutas, además de la leche, le proporcionará la cantidad de líquido que necesita. Pero si observas que tu hijo tiene sed, no dudes en ofrecerle agua, siempre en una cantidad adecuada y procurando que no sustituya a ninguna comida.

Leche de crecimiento

A partir de los doce meses, la leche de crecimiento toma el relevo a la de continuación. Si tu pediatra así te lo indica, el niño ya puede beber leche de vaca, aunque hay algunos profesionales que lo desaconsejan antes de los tres años. La leche de vaca es menos digestiva y no está adaptada a las necesidades del bebé en este momento: contiene el doble de proteínas y el triple de sodio que la leche materna o la leche artificial. En estas fórmulas se sustituye la grasa animal por grasas vegetales, que son más digestivas para su organismo. Asimismo, el contenido de hierro, zinc, selenio, oligoelementos y vitaminas es insuficiente para el niño. La leche de crecimiento aporta una cantidad adecuada de nutrientes, ya que es rica en ácidos grasos esenciales, hierro, calcio y vitaminas. A veces, incluso incorporan prebióticos, que son beneficiosos para la protección de la flora intestinal. De todas formas, cualquier transición de una leche a otra tiene que contar con la supervisión y la indicación del médico. Además, todavía habrá mamás que sigan dando el pecho a sus hijos; una buena decisión si ambos lo queréis así. La leche de crecimiento está especialmente recomendada en niños inapetentes, prematuros o con bajo peso al nacer, siempre y cuando no tomen leche materna.

Adiós al biberón

A esta edad, la ingesta de leche al día será de aproximadamente 700 ml distribuidos en tres tomas.

La mayoría de los niños dejan el biberón a los dos años, aunque es imprescindible ir preparándolos desde que cumplen un año. Las razones de introducir otros envases para beber, como tazas, están fundamentadas. Usar el biberón demasiado tiempo incide en el mal desarrollo de los dientes y la mandíbula. También se vuelve un inconveniente, porque beber del biberón es más fácil y hay niños que lo prefieren a comer sólidos. Hay que evitar que esto suceda, pues la comida es vital durante esta etapa del desarrollo. Además, muchos bebés utilizan el biberón como chupete, para calmarse, y es el momento de que encuentren otras herramientas para consolarse. Ahora, la estrategia para conseguir dejar el biberón recae sobre ti; por eso es bueno que le ofrezcas bebidas en taza. Si, además, compras alguna divertida, con colores llamativos y que llame su atención, seguramente será aún más fácil. Sobre todo, intenta evitar que se vaya a la cama con el biberón. Existen sustitutos, como un peluche o un trapito, que también le pueden dar seguridad y serenidad para conciliar el sueño.

Beber de una taza

A los diez meses, tu hijo ya podrá beber de una taza con tu ayuda. Tendrás que enseñarle a sostenerla sin que derrame el líquido. A los doce meses, la mayoría de los bebés ya pueden hacerlo solos. En ella puedes introducir agua, leche o zumo natural. Así, poco a poco, irás eliminando el biberón. Eso sí, ten en cuenta que tu hijo necesita poca cantidad todavía. Cuando llenes la taza, no lo hagas más de 30 ml. Según veas que va bebiendo más, puedes ir aumentando la dosis. Algunos niños consiguen dejar el biberón a esta edad, cuando incorporan la taza a su rutina. Otros simultanearán biberón, lactancia y taza durante algún tiempo más, hasta los dieciocho meses por lo menos. En esta etapa de su vida, cuando comienzan a alimentarse en distintos soportes (plato, taza, biberón…), también pueden decidir dejar de tomar el pecho. Esta situación es idónea para comenzar el destete de forma paulatina. Cuando el niño celebra su primer cumpleaños, las necesidades de leche han disminuido sustancialmente. Ahora deberá tomar alrededor de tres tazas de leche al día y prestar más atención a los alimentos sólidos, imprescindibles para su óptimo crecimiento.

La importancia de los lácteos

No es nada nuevo decir que los productos lácteos son una garantía para el crecimiento y desarrollo de bebés y niños. Aunque todo el mundo sabe que la leche es la fuente principal de calcio y favorece un crecimiento óseo apropiado, los lácteos también son buenos para la coagulación de la sangre, activan sustancias químicas que envían mensajes entre los nervios, controlan las contracciones musculares, estimulan la producción de enzimas y hormonas y potencian el crecimiento y desarrollo de las células del cuerpo. Si tu bebé carece de las cantidades adecuadas de este grupo de alimentos, se pueden generar trastornos; por ejemplo, un déficit significativo de calcio está relacionado directamente con el síndrome premenstrual. En cambio, hay investigaciones que apoyan que una dieta rica en lácteos desnatados con frutas y verduras tiene una incidencia directa en la disminución de la tensión arterial. Aparte de los lácteos, se puede obtener calcio en pequeñas cantidades del salmón, las espinacas o las almendras.

	Proteínas	Grasas	Vitaminas y minerales
Leche de vaca	Contiene el doble de proteínas que la leche materna. Esto puede provocar dolores estomacales.	Su cantidad de grasa es elevada. Esto puede provocar una mala digestión en el pequeño.	El aporte de hierro es insuficiente. Contiene demasiado sodio para su edad.
Leche de crecimiento	Contenido proteico más apropiado para los niños entre doce meses y tres años. Más adecuada para el desarrollo digestivo y la maduración del niño.	Nivel de grasa adecuado a la edad del niño. Además, proporciona un aporte idóneo de ácidos grasos esenciales, necesarios para el desarrollo del cerebro, la vista y el sistema nervioso del niño.	Tiene gran contenido en hierro. Siempre en cantidad adecuada a su edad. También contiene las vitaminas, minerales y oligoelementos necesarios para este tramo de vida.

Alimentos que garantizan la salud

Las enfermedades que más afectan a la población en este siglo son las cardiovasculares, la diabetes, la osteoporosis y el cáncer. Ninguna de ellas aparece de la noche a la mañana y todas tienen una importante conexión con los hábitos alimenticios desde la más tierna infancia, la práctica de ejercicio, el control del peso y el consumo de tabaco o alcohol. No es exagerado afirmar que una alimentación saludable es un seguro de vida a largo plazo. Ésta es la lista de alimentos con capacidad para combatir enfermedades. Conociéndolos, podrás hacer que la dieta de tu hijo y los buenos hábitos que le enseñes desde pequeño sean tu mejor legado.

Antioxidantes

Los antioxidantes son protectores de las células que retardan o eliminan los efectos de los radicales libres. Estas moléculas se producen cuando el cuerpo digiere los alimentos o por la exposición ambiental al humo del tabaco y a la radiación. Se supone que los radicales libres aceleran el envejecimiento, potencian el cáncer y afectan al corazón. En este contexto, las enzimas que actúan como antioxidantes se producen con el zinc, el cobre, el manganeso y el selenio. Por tanto, la ingesta de estos minerales a través de los alimentos es muy aconsejable, al igual que la de aquéllos con betacarotenos y vitaminas A, C y E, ricos asimismo en antioxidantes. Los expertos aconsejan que los antioxidantes se obtengan de la comida y no de suplementos o vitaminas. Si la dieta de tu bebé es equilibrada, no tendrá carencias que hagan necesaria una dosis extra. Los antioxidantes se encuentran en muchos alimentos, como las frutas y los vegetales, las nueces, los cereales en grano y algunas carnes, aves y pescados. Asimismo, son parte importante de la leche materna.

Fotoquímicos

Son sustancias químicas biológicamente activas que proceden de verduras, frutas, cereales, frutos secos, legumbres y soja. Aunque no son reconocidos como nutrientes, tienen efectos positivos para la salud humana. Previenen enfermedades cardíacas y el cáncer. Modulan la acción de determinadas enzimas y son antioxidantes que defienden al cuerpo de los radicales libres y sus efectos perjudiciales. La ciencia ha demostrado que el consumo regular de frutas y verduras está relacionado con una menor incidencia de ciertos tipos de cáncer gracias a las sustancias fotoquímicas que contienen.

Bacterias saludables

Los alimentos probióticos como el yogur, la leche y los quesos fermentados son ricos en lactobacilos, unas bacterias beneficiosas que se encuentran en el cuerpo humano. Por eso, estos productos que tienen activos vivos contribuyen a mantener la salud intestinal y evitan el desarrollo de bacterias perjudiciales. Muchos médicos recomiendan dar yogur a los niños cuando toman antibióticos porque les ayuda a reemplazar las bacterias beneficiosas que se destruyen con la fuerza del medicamento y que se encargan de proteger el intestino de infecciones y proporcionar vitaminas K y B12.

Fibra

Se encuentra en los cereales, las frutas, las verduras y las legumbres. Es apropiada para un correcto funcionamiento del tubo digestivo, previene el estreñimiento y ayuda a evitar ciertos tipos de cáncer. También reduce los niveles sanguíneos de colesterol y controla la cantidad de azúcar en sangre.

Grasas buenas

Las llamadas grasas buenas están en los ácidos grasos omega 3, omega 6 y omega 9. Podemos encontrar omega 3 en el pescado y contribuyen a evitar dolencias del corazón y controlar el colesterol. Los del salmón, el atún y la trucha son muy útiles para el desarrollo del cerebro, los ojos del feto y el desarrollo de los niños hasta los dos años. Estos ácidos grasos también están, aunque en menor cantidad, en los aceites de lino, soja y colza. Los ácidos grasos omega 6 se hallan en aceites naturales vegetales prensados en frío. Esta grasa hay que consumirla en pequeñas cantidades y es buena para prevenir problemas óseos como la osteoporosis. Además, regulan el tráfico hormonal. Al igual que los omega 3, contribuyen a evitar problemas de corazón y cáncer de mama o de próstata. El omega 9 mantiene los niveles de colesterol bueno en el organismo, ayuda a evitar complicaciones coronarias, fortalece las arterias y facilita la digestión. Está, sobre todo, en el aceite de oliva.

Recetario exquisito

¡Manos a la obra! Una vez asimilada toda la información sobre estos meses, ya estás lista para tomar nota de algunas recetas que harán que tu bebé esté sanamente alimentado y, además, disfrute de las verduras y las frutas sin problema. También te damos trucos y consejos para no desesperarte.

Tu hijo ha llegado a esa fase de su vida en la que puede empezar a ser remilgado con la comida. Muchas veces rechazará algún alimento porque no le gusta el sabor o su apariencia. Y, aunque lo intentes varias veces, parecerá que no hay manera. Sin embargo, no tires la toalla todavía, existe un truco que te puede ayudar considerablemente. Simplemente, mezcla el alimento rechazado con algún otro que modifique el sabor. Así, tu pequeño se irá acostumbrando y podrás incluirlo en su dieta. A continuación te sugerimos mezclas que te facilitarán la tarea y recetas para chuparse los dedos.

Comer en familia

Hasta este momento, posiblemente hacías un hueco en tus tareas cotidianas para alimentar a tu bebé y, después, comíais los adultos. Ahora, tu hijo ya es más sociable, le gusta estar con la gente e interactuar. Por eso, es importante que las comidas coincidan en hora y espacio con sus papás y hermanos o con la persona encargada de cuidarlo. Al principio, será un poco complicado y tu pequeño tirará comida al suelo o, peor aún, terminarás con alguna que otra mancha en tu mejor ropa. Por supuesto, nunca comas con la televisión encendida. Lo mejor es hablar e incluir al pequeño en la charla. Así tu hijo identificará la hora de la comida con un momento agradable en el que convive y se divierte con su familia. También empezará a imitar lo que comen o hacen los mayores, así que es importante predicar con el ejemplo. Si queremos que nuestro pequeño tenga una dieta equilibrada, se comporte en la mesa y aprenda que comer es un momento de convivencia familiar, hay que mostrárselo con hechos. Es vital que el niño adquiera una rutina constante en cuanto al lugar, la hora y las personas con quienes comparte su comida. Recuerda que los hábitos comienzan a adquirirse en la infancia.

Ha llegado la hora de incorporar al niño a la rutina de la comida familiar. Ya puede comer casi de todo y le gusta socializar, así que podrá identificar la hora de comer con un momento de convivencia y conversación. De esta manera, se empezarán a cimentar en él los hábitos adecuados de alimentación y las pautas de comportamiento en la mesa.

Trucos para que tu bebé coma verdura

La escena se repite en muchos hogares y posiblemente el tuyo no sea la excepción. Si tu hijo rechaza la verdura cerrando la boca o retirándola con la mano, no desesperes, aún no está todo perdido. Claro, que tu creatividad e imaginación tendrán que ponerse a funcionar para encontrar la forma de seducir a tu hijo con estos alimentos tan nutritivos y necesarios para su edad. Una idea es acompañar la verdura, como palitos de zanahoria, con algún tipo de salsa apta para su edad, de tomate o queso, por ejemplo. Así, mojará el vegetal y el nuevo sabor puede que convenza a sus papilas gustativas. Otra solución muy utilizada es esconder la verdura entre otros alimentos que sí le gusten. Por ejemplo, puedes rayarla y hacerla puré junto con patatas o añadirla a la pasta. Ten en cuenta que tu pequeño puede rechazar la verdura cocida, pero disfrutar con la verdura de hojas, como la lechuga o la espinaca. Prueba a darle vegetales de hoja crudos que él mismo puede coger con la mano y morder. A veces también funciona hacer un dibujo con los alimentos; es decir, preparar de forma divertida la disposición de éstos en el plato. Por ejemplo, puedes crear la figura de una mariposa y aprovecharla para colocar tomate, lechuga, judías verdes, etc. Algunas mamás emplean la cáscara de una verdura para servir la misma verdura. Así, los niños lo ven como algo distinto y llamativo. Otra idea es disponer de moldes que te ayuden a cortar los alimentos con formas de animales, juguetes u otros objetos que llamen la atención del niño. Por ejemplo, sándwiches con relleno blando cortados en forma de oso. Aunque no es la forma más sana de cocinarlas, otra opción es freír tiras de calabacín o berenjena; siempre será mejor freírlas a que tu bebé no coma verduras. O utilizar los vegetales muy picaditos como relleno de pasta, de tortilla o de lo que se te ocurra. Y, aunque no lo creas, todavía hay más alternativas para que tu hijo se convenza de que el mundo vegetal es delicioso. Los zumos también son una buena elección. Puedes hacerlos de tomate, de zanahoria, de piña con perejil… Hay múltiples opciones. Hacer las verduras en puré o ralladas, sin más, también puede ser de ayuda.

Desayuno

- 225 ml de leche materna o de fórmula
- Avena con yogur y plátano

Almuerzo

- Sopa de calabacín o de fideos
- Hamburguesita casera con puré de patatas y zanahoria o pescado a la plancha con puré de espinacas, alubias y zanahoria
- Yogur

Merienda

- 225 ml de leche materna o de fórmula
- Papilla de frutas con plátano, pera y zumo de naranja

Cena

- Sopa de arroz o de vegetales
- Pollo desmenuzado con puré de calabaza
- Manzana rallada o en compota

Antes de dormir

- 225 ml de leche materna o de fórmula

Platos nutritivos

A continuación, varias sugerencias que alegrarán el paladar de tu pequeño.

Albóndigas de pollo

Ingredientes:
- Pechuga de pollo
- Cebolla
- Ajo picado
- Perejil

Preparación:
Se quita toda la grasa de las pechugas de pollo y se trituran con la cebolla en una picadora. Después, se hacen bolitas pequeñas, fáciles de agarrar por el bebé, y se meten en la nevera una hora para que la masa se endurezca. Se mojan en huevo batido y pan rallado y, luego, se fríen. Para mayores de doce meses.

Bolitas de brócoli y queso

Ingredientes:
- Brócoli
- Migas de pan
- Queso *cheddar* o *mozzarella*
- Huevo
- Aceite de oliva
- Harina

Preparación:
Se cuece el brócoli al vapor hasta que esté tierno. Se mezcla con queso *mozzarella* o *cheddar* y se hace todo puré. Se añade la crema obtenida a la miga de pan y se revuelve hasta obtener una masa uniforme. Se hacen bolitas y se dejan enfriar en el frigorífico por lo menos una hora. A continuación, se pasan por el huevo batido y la harina y, por último, se fríen.

Puré de tomate con queso

Ingredientes:
- Tomate pelado y sin semillas
- Aceite de oliva
- Cebolla picada
- Vinagre balsámico
- Queso fresco

Preparación:
Pasar los tomates pelados y sin semilla por la licuadora. Cuando estén listos, dejarlos aparte en un recipiente. Poner aceite en una sartén y freír la cebolla hasta que esté transparente. En ese momento, agregar el ajo picado, el puré de tomates y el vinagre balsámico. Cuando empiece a hervir, bajar el fuego y retirar después de treinta minutos. Este preparado se puede tomar como una crema o puede usarse como salsa para pasta o pollo desmenuzado. En la preparación que prefieras, espolvorea el queso sobre el puré para que le dé un sabor distinto.

Comer en la guardería

Si has decidido que tu hijo acuda a una guardería, debes saber qué exigir y qué tener en cuenta a la hora de escoger el lugar adecuado. Debe cumplir unos requisitos mínimos de nutrición, higiene y cuidado experto en niños.

Marina tuvo que llevar a su pequeño a una guardería a partir del cuarto mes, cuando concluyó su baja por maternidad. Ahora, Fabiana pasa ocho horas en el jardín de infancia. Su mamá siempre supervisó las instalaciones y se aseguró de que el personal fuera el adecuado. Pero es ahora, cuando su hija tiene diez meses, cuando se ha interesado más por el régimen y organización de las comidas. Es normal, ahora Fabiana ya puede comer casi de todo. Si, como Marina, tu hijo pasa bastante tiempo en una escuela infantil, no dudes en preguntar todo lo que creas necesario para asegurarle una nutrición acorde con su edad, que contenga todos los nutrientes, y que le den a tu pequeño todo lo necesario para evolucionar en todos los aspectos: físico, cognitivo y orgánico.

Elegir una guardería adecuada es determinante para el buen desarrollo de tu hijo. Verifica cómo son las instalaciones, qué programa de nutrición y disciplina llevan, qué enfoque de cuidados tienen y si el personal está acreditado para cuidar a bebés de esta edad. Recuerda que tu hijo va a pasar muchas horas en este lugar y que los primeros años de vida son decisivos para su futuro.

Qué requisitos debe cumplir una buena escuela infantil

Si tus jornadas laborales son largas y te ves obligada a llevar a tu hijo a una guardería, tendrás que tener en cuenta que será en este espacio donde el bebé se alimente y obtenga los nutrientes adecuados para su edad. Por eso, resulta de vital importancia que conozcas al pie de la letra el programa de comidas y actividades que se llevará a cabo con tu hijo mientras permanezca en el recinto. Estos consejos te ayudarán a formarte un criterio y exigir lo que creas necesario para tu pequeño:

• Si tu hijo pasa en la guardería menos de cinco horas, debe recibir una comida y dos tentempiés o un tentempié y una comida.

• Si el pequeño permanece más de ocho horas, lo adecuado es dos comidas y dos tentempiés o una comida y tres tentempiés.

• Debes observar que la guardería siga el criterio de la pirámide alimenticia para diseñar sus menús. Las frutas, los cereales y la verdura son muy importantes en esta etapa.

• Asegúrate de que los cubiertos que utilizan son adecuados para la estatura, peso y desarrollo psicomotor de esta etapa. También es importante este aspecto para evitar accidentes o atragantamientos.

• Pregunta por el tamaño de las raciones. Los expertos dicen que siempre es mejor ofrecer porciones pequeñas y dar la opción de repetir.

• Cerciórate de que no obliguen a tu hijo a comer. Insiste mucho en que no usen la comida ni como castigo ni como recompensa.

• Los cuidadores siempre tienen que estar presentes mientras comen los niños y ayudarlos en lo que necesiten. En esta etapa, serán ellos los que den la comida al bebé.

• También es vital que constates que los alimentos que le dan son los adecuados para su edad, para evitar intolerancias alimentarias, atragantamientos o cualquier otra incidencia en su salud.

• Los niños de esta edad deben comer sentados.

Restaurantes para niños

Cuando tu bebé tenía pocos meses era muy fácil salir fuera y comer en restaurantes o en casa de amigos y familiares. No hacía ruidos y dormía casi todo el tiempo. Y, si estaba despierto, se entretenía con cualquier cosa. Ahora, el panorama es muy distinto. Tu pequeño ya no quiere estarse quieto mucho tiempo en el mismo lugar. Reclama tu atención y, si se aburre, puede convertir la comida fuera de casa en una pesadilla. Pero no te lleves las manos a la cabeza ni pienses que ha llegado el momento de rechazar cualquier invitación a restaurantes, fiestas u otras casas. Siempre hay formas de lograr lo que deseamos. Eso sí, tal vez no puedas estar tanto tiempo como deseabas o tendrás que interrumpir la conversación con los adultos para dar de comer a tu bebé, hacerle un mimo o estar con él para dormirlo.

Además, muchas familias tienen por costumbre comer fuera de casa los fines de semana y a otras su pasión gastronómica les lleva a probar cocinas exóticas. Si te encuentras en alguno de estos casos y quieres que tu pequeño entrene su paladar y se acostumbre a saborear ingredientes habituales en otras culturas, hay maneras de introducirlos sin que la impaciencia gane al placer de probar otras cosas. Anota estas ideas que te pueden ser útiles:

• Los niños de esta edad, o incluso mayores, no tienen capacidad para esperar demasiado si sienten hambre. Lo mejor es que siempre lleves en el bolso y en el coche galletitas adecuadas para su edad, alguna fruta o leche. Así, cuando se siente a la mesa se podrá entretener más fácilmente con el estómago medio lleno.

• Si habéis estado todo el día de un lado para otro, no es buena idea ir a cenar o comer con niños. Es totalmente lógico que se desesperen. Evita situaciones que sabes que crearán problemas de antemano.

• Si quieres una comida con el menor conflicto posible, haz acopio de una lista de los restaurantes con especial atención a niños. Cada vez hay más restaurantes con zona de juegos, servicio de cuidadoras mientras comes o que reparten dibujos y lápices para que los niños se entretengan. Son espacios diseñados para que vayan familias y esto lo facilita todo. Siempre es mejor elegir estos lugares para evitar que los vecinos de mesa se enfaden o los camareros pongan caras largas cuando tu hijo tira la comida o los manteles de papel se rompen o se manchan. Aunque acudas a un recinto adecuado para familias, no dejes de llevar cosas como libros, lápices, cochecitos, muñequitas, juegos de memoria, etc., por si tu bebé no quiere estar con otras personas o no le satisface el ocio que le ofrece el lugar.

• Cuando tu hijo tiene entre diez y doce meses, es lógico que lleves su comida hecha de casa aunque estés en un restaurante. Es comprensible y, generalmente, te ayudarán a calentar la comida del bebé. Si tu hijo es mayor, puedes compartir parte de tu plato o pedirle algo especial. Los restaurantes para familias normalmente tienen menús específicos para los pequeños. Es más, si tienes más de un hijo, lo mejor será pedir un menú para los dos; es poco frecuente que un niño se coma todo el plato.

Bacterias en la escuela infantil

Las medidas de higiene en una guardería son indispensables. El contacto con desechos y líquidos corporales a través de los pañales y la frecuencia con la que los niños se meten la mano en la boca hacen de estos lugares un caldo de cultivo para que las bacterias proliferen a sus anchas. Aunque pueda parecer exagerado, no lo es. Debes confirmar que tanto el personal como los niños tienen las manos limpias. Y recuerda que la mejor manera de lavarse es con agua caliente y jabón líquido. Lo ideal es que, después de enjuagarte, te seques con papel desechable y uses ese mismo papel para cerrar el grifo. Además, los cuidadores deberán lavarles las manos a los niños antes y después de comer, después de un cambio de pañal, después de jugar, después de haber tocado animales, siempre que las tengan sucias y antes de marcharse a casa. Por su parte, los profesionales deberán lavarse las manos al llegar a la guardería, antes de preparar la comida y los biberones o cuando vayan a dar el alimento a los niños. Siempre deberán hacerlo después de ir al baño o cambiar pañales, si tocan pipí, heces, mocos, vómito o reflujo de un bebé. También es obligatorio después de limpiar cualquier espacio o juguetes, o si han administrado medicinas o cremas a los bebés o a sí mismos.

Situaciones especiales

Los niños vegetarianos pueden prescindir de la carne y el pescado y estar igual de sanos y bien desarrollados. El tofu, las legumbres y la soja ayudan a conseguirlo. También hay soluciones para los que padecen alergias alimentarias.

Estrella es vegetariana, igual que su marido. Ambos practican una dieta que prescinde de carne, pescado, huevos y quesos. Siempre habían pensado que esta forma de alimentarse sería la adecuada para su hijo Jorge, pero ahora que tiene once meses les surgen dudas. Quieren saber si no incorporar carne y pescado a la dieta de su hijo podría tener efectos negativos en su desarrollo. Así que Estrella y Luis acuden al pediatra y a un nutricionista infantil especializado en dietas vegetarianas y, tras hablar con ellos, se han quedado tranquilos, pues no había ningún problema si su hijo obtenía las proteínas y el hierro necesarios para su edad de otros alimentos. Si tu situación es similar a la de Estrella, los pasos que ella dio te pueden servir como guía. Tu hijo podrá ser vegetariano, pero necesitarás el asesoramiento de un experto para asegurarte de que toma todos los nutrientes necesarios para un desarrollo adecuado.

Dieta vegetariana

Está demostrado que una persona puede ser vegetariana desde que nace. Por eso, no tengas miedo si eliges esta opción. A esta edad, entre diez y doce meses, todavía no debes preocuparte demasiado. Si toma pecho o leche de fórmula, gran parte de los nutrientes provendrán de esta fuente, que todavía es parte importante de su nutrición. La alternativa en esta etapa es que ofrezcas a tu hijo cereales enriquecidos o fortificados y productos de soja. Para el aporte de hierro, recurre a las verduras de hoja verde, a las legumbres como lentejas, garbanzos o alubias y a los frutos secos (estos últimos a partir de los doce meses). Tu pequeño también necesitará dosis extra de vitamina D. Esta vitamina está en muchos productos fortificados, como los cereales. También le ayudará tomar el sol con moderación para absorber esta sustancia. Asimismo, las frutas y verduras son una buena fuente de vitaminas, minerales, calcio y proteínas. Si tu hijo es vegetariano, debe tomar alimentos de ambos grupos todos los días.

Hay papás que creen que el arroz integral o salvaje puede ser perjudicial o muy fuerte a esta edad. Aunque el aparato digestivo del niño está todavía inmaduro, esto no quiere decir que no se pueda introducir. Lo mejor es dárselo con moderación y mezclarlo con yogur, mantequilla o queso, para hacerlo más comestible y digerible. Y, poco a poco, ir aumentando la dosis. Las semillas molidas son otra fuente de proteínas y contienen ácidos grasos que contribuyen al crecimiento y desarrollo neurológico de tu pequeño. Puedes hacerlas puré y añadirlas a los caldos o cremas, al yogur o a los alimentos que creas convenientes.

El pescado, rico en ácidos grasos esenciales, se puede sustituir por semillas de cáñamo, lino, linaza o calabaza, sésamo y pipas de girasol. Los aceites que contienen, igual que los del pescado, son cruciales para el crecimiento y desarrollo del sistema nervioso y del cerebro. Está demostrado que la carencia de estos ácidos grasos repercute en la concentración y el estado de ánimo.

Por supuesto, no dejes de consultar con el pediatra y con un experto en dietas vegetarianas infantiles para ir comprobando que tu hijo se nutre adecuadamente.

Para prevenir atragantamientos, elimina los siguientes alimentos de la dieta de tu hijo: nueces, palomitas de maíz, uvas enteras, salchichas en rodajas, trozos duros de vegetales no cocinados, rodajas duras de manzana (éstas deben ser cortadas en trozos diminutos o darse en puré o compota) y chucherías o caramelos redondos.

Presta mucha atención a las reacciones de tu bebé después de incorporar ingredientes nuevos a su dieta. En este periodo, aumenta el número de alimentos que ingiere y por tanto es mayor la posibilidad de que surja alguna alergia alimentaria. Si detectas algún problema, lo mejor es acudir a un especialista para que haga el diagnóstico correcto.

¿Qué hacer para evitar los atragantamientos?

Ahora que tu pequeño es más autónomo, aumenta el riesgo de que se introduzca en la boca trozos de comida u objetos que puedan producirle un atragantamiento. Las medidas de seguridad deben ser extremas hasta que tu hijo cumpla cinco años, pero sobre todo hasta los tres, pues les encanta meterse en la boca todo lo que encuentran a su paso. Éstos son los consejos a seguir para evitar un atragantamiento que podría producir asfixia.

- Evita la fruta y verdura que tenga pepitas.
- Rechaza los alimentos con cáscara.
- Ofrece a tu bebé la comida en trozos pequeños que pueda tragar sin problemas.
- No le des cacahuetes ni otros frutos secos que no pueda masticar ni tragar. Las uvas sólo podrá tomarlas partidas en dos o en cuartos, y peladas hasta los cuatro años.
- Las salchichas nunca se dan en rodajas. Si se las sirves a tu hijo, hazlo en trocitos pequeños.
- Tampoco son recomendables las palomitas de maíz.
- Evita alimentos duros y redondos, como la zanahoria cruda.
- No le des caramelos duros hasta después de los cuatro años.
- Por supuesto, nunca lo dejes comiendo solo. Tampoco permitas que vaya corriendo de un lado a otro con comida en la boca. Enséñale a comer sentado; es lo mejor para una buena digestión y para evitar accidentes.
- Elude los gritos, las risas y hablar con la boca llena mientras estáis comiendo. A veces todo esto puede producir un atragantamiento si lo hacemos mientras tenemos comida en la boca.

¿Qué hacer si tu hijo se atraganta?

Si, a pesar de tu vigilancia, tu hijo se atraganta con algún objeto o comida, las siguientes instrucciones te serán de utilidad:

• Los síntomas de que algo así está ocurriendo se comprueban si la persona se lleva la mano a la garganta, se congestiona, no puede hablar o respirar y pide ayuda.

• No intentes sacar la comida o el objeto con los dedos. Podrías empujarlo hacia la tráquea y agravar la situación.

• No le des de beber nada al niño hasta que expulse el objeto extraño, ya que podría aspirarlo y empeorar la situación.

• Una medida eficaz es colocar al niño boca abajo sobre tu antebrazo, con el tórax en la palma de tu mano y sujetar la mandíbula con los dedos índice y pulgar. En esta posición, con la cabeza más baja que el resto del cuerpo, y apoyado sobre el muslo o tu regazo, dale cinco golpes con el talón de la mano entre los omóplatos. Si no reacciona, se da la vuelta al pequeño de tal modo que su espalda quede sobre tu antebrazo y la cabeza sobre tu mano, por debajo del resto del cuerpo. Ahora, presiona con los dedos índice y corazón de cada mano en el esternón, sin hundirlo más de 2,5 cm. Si esto no resulta, hay que trasladar al niño inmediatamente al hospital y practicarle una resucitación cardiopulmonar.

• Otra opción es poner al niño de pie, con la espalda pegada a tu cuerpo. Presiona fuertemente cada tres segundos con dos dedos en el centro de su abdomen. Con la presión, tal vez el objeto salga expulsado por sí solo. Ésta es la famosa maniobra de Heimlich que se aplica cuando hay obstrucción de tráquea o esófago. Consiste en aplicar fuerza sobre el tórax o el abdomen para que el aire de los pulmones salga a presión y empuje el objeto que produce el atragantamiento.

• Si todo esto no surte efecto, acude a urgencias o llama a una ambulancia rápidamente.

• Si después de la expulsión del objeto extraño el niño no puede respirar adecuadamente, se le debe practicar la respiración artificial (boca a boca) y si después de tres minutos no tiene movimientos respiratorios espontáneos, hay que trasladarlo urgentemente al hospital, sin dejar de practicar la respiración artificial durante el trayecto.

Alimentación
de 13 a 24 meses

Alimentación de 13 a 24 meses

seis
capítulo

Cambio
de
rutina

Los dientes de leche ayudarán a tu pequeño a masticar mejor, pero su salida le provocará babeo e inflamación de las encías.

La familia podrá compartir las horas de comida con su hijo. Ya está preparado para ingerir gran variedad de alimentos y texturas.

En este periodo, tu hijo podrá caminar sin problemas. Tendrás que tener especial cuidado con las escaleras y los enchufes.

Aprendiendo para el futuro

Eugenia y Luis aplaudieron con satisfacción el día en que Hugo comenzó a caminar. Tenía un año y dos meses. A estas alturas, los felices padres ya habían detectado que su pequeño había dejado de ser un bebé que podía quedarse quieto largo rato o dormir mucho. Ahora, Hugo comenzaba a protestar cuando no quería comer o beber algo, pedía salir del carrito para caminar y lloraba si sus padres no le dejaban su juguete favorito. Efectivamente, esta etapa vital, de uno a dos años, marca el comienzo del futuro adulto. La forma en que alimentes a tu hijo y te relaciones emocionalmente con él será el legado de salud mental y física de mayor valor que le puedas proporcionar. Para eso, deberás estar atenta a su carácter, a sus habilidades y a sus gustos. Y, por supuesto, aportarle los nutrientes necesarios para que crezca sano, con dosis de ejercicio y juegos regulares que inoculen en el niño hábitos de vida saludables. Durante este año, el desarrollo de tu hijo será sorprendente, sobre todo si están cubiertas sus necesidades de afecto, alimento y salud. Ahora su actividad es frenética, comparada con los meses anteriores, así que es imprescindible que evites accidentes en tu casa protegiendo áreas que puedan resultar peligrosas.

Tu hijo ya ha cumplido su primer año. Han sido doce meses intensos, vertiginosos y apasionantes. También ah sido un tiempo de cambios en la pareja, la familia, la organización laboral y, en general, en la vida.

Ya estás más que acostumbrada a que esa personita forme parte de ella y no te imaginas la vida sin su presencia constante. Has ido adaptándote a las distintas etapas de su desa-rrollo y crecimiento, y la celebración de su primer cumpleaños se convierte en un momento de alegría y satisfacción. Ahora que ya ha sobrepasado el año, has de saber que tu hijo crecerá más despacio que durante los meses anteriores y que sus necesidades y su grado de independencia serán asimismo distintos.

Del mismo modo, las rutinas en la alimentación también cambiarán.

Crecer sin prisa pero sin pausa

Tu pequeño se desenvuelve a sus anchas en un universo propio en continua expansión. Su desarrollo le permite tener más independencia. Puede caminar, tocar, hablar y explorar todo lo que está delante de sus ojos. Esto está íntimamente relacionado con su faceta alimenticia y la forma en la que empieza a relacionarse con la comida y con lo que ocurre en torno a este acto fundamental.

No es raro que te sorprendas comentando las maravillas que es capaz de hacer tu bebé a esta edad. Es ya toda una personita dispuesta a participar en distintas actividades de la familia. Quiere hablar, aunque sólo su madre lo entienda, y ya empieza a mostrar sus gustos y deseos. Camina, juega, habla, indaga y quiere conocer todo lo que encuentra a su paso. Y, claro, con tantas emociones a su alrededor, tu pequeño tendrá cosas más interesantes que hacer que, por ejemplo, comer. Así que ahora es normal que prefiera conocer el mundo. Por eso, hay que estar muy pendiente de

que sus necesidades nutricionales estén cubiertas, ya que su derroche de energía es mayor. Precisamente es en este periodo cuando sus funciones psicomotoras avanzan considerablemente y también se produce una maduración en su aparato digestivo y sus funciones metabólicas. La velocidad de crecimiento disminuye, lo que significa un leve descenso de sus necesidades nutricionales. Sin embargo, los requerimientos energéticos sí se incrementan, debido a que el niño se mueve mucho más gracias a su mayor independencia. En este sentido, si todavía no camina por sí solo,

estará a punto de dar los primeros pasos sin apoyo. A los dos años, tu hijo ya andará sin problemas. Igualmente, el desarrollo del lenguaje está en pleno proceso. Te sorprenderás de lo rápido que aprende palabras nuevas, imita sonidos, aplaude y quiere conocer el mundo tocando cada cosa que ve. En esta etapa, tu pequeño repite lo que oye, pero la falta de desarrollo muscular y de dientes le impide pronunciar mejor. Por eso, es importante que siempre le hables correctamente y no le repitas las palabras como él las dice, para que no asimile y reproduzca sonidos erróneos.

La velocidad de crecimiento disminuye, lo que significa un leve descenso de sus necesidades nutricionales. Sin embargo, los requerimientos energéticos sí se incrementan, debido a que el niño se mueve mucho más gracias a su mayor independencia.

Control de esfínteres

La maduración neurológica permitirá a los niños de entre dieciocho y veinticuatro meses comenzar a usar el orinal y aprender a controlar los esfínteres. A esta edad, ya puedes estimularlo para que intente no hacerse pipí y caca en el pañal. Eso sí, respeta siempre su ritmo y ten en cuenta que, si el bebé enferma o hay algún cambio importante para él, puede haber retrocesos. Primero controlará el esfínter anal y luego el de micción. No olvides que es importante que le ayudes a enfrentarse a los retos de su edad. No retrases la adquisición de habilidades que tu hijo puede desarrollar antes y que son acordes a su evolución.

Qué esperar de tu pequeño

Tu bebé ya empieza a ser una persona que demuestra con claridad sus preferencias y quiere que se atiendan sus peticiones. Reclama autonomía y defiende lo que quiere comer o hacer. Si tu hijo ya tiene más de un año, éstos son los avances que mostrará y que te dejarán perpleja:

- Imita lo que los adultos o niños mayores hacen.
- Aunque no se entiende lo que dice, tu bebé no para de emitir sonidos que tal vez sólo tú comprendas. Pero él ya conoce cada vez más el significado de nuevas palabras y conceptos.
- Cuéntale cuentos, ya empieza a disfrutarlos. A esta edad, se sorprende con los dibujos del libro y te escucha atentamente.
- Objetos que para ti son anodinos se convierten en un verdadero motivo de exploración para él, pues todo le llama la atención.
- Con dos años, tu pequeño ya camina con soltura y sube escaleras usando el ingenio y empleando las manos. También corre y le encanta perseguir una pelota.
- Todavía prefiere estar con gente conocida y habitual en su vida, pues le inspira confianza.
- Aunque es pequeño, ya reconoce y defiende la propiedad de sus juguetes, su biberón, etc.
- Algunos niños empiezan a compartir a esta edad juegos con otros niños.
- Resuelve problemas como colocar formas geométricas sencillas en sus huecos correspondientes u ordenar cubos por tamaños.
- Disfruta cuando consigue algo. También se frustra cuando algo no le sale.
- Le gusta interactuar con la familia y con otros niños.
- Comienza a hacer garabatos.

Si apoyas con estimulación temprana a tu bebé, adquirirá sus habilidades de forma más segura. Por ejemplo, enséñale juegos y pon a su alcance objetos fáciles de explorar.

Enséñale a aprender

El desarrollo de tu hijo se producirá por sí solo siempre y cuando estén cubiertas sus necesidades de afecto, alimento y cuidados higiénico-sanitarios. Pero si decides apoyarlo con estimulación temprana, entre el año y los dos años de edad, adquirirá ciertas capacidades de forma más segura. También es adecuado que acondiciones tu casa para evitar accidentes, sobre todo ahora que tu bebé camina, explora y toca todo. En esta etapa, tu hijo requiere que lo ayudes en los siguientes aspectos:

- A la hora de desarrollar nuevas capacidades motoras y del habla.
- En mostrarle caminos para adquirir mayor grado de autonomía.
- Es el momento también para dar las primeras orientaciones que expliquen y enseñen a tu pequeño a controlar su propia conducta. Ya puede ir entendiendo lo que está bien o está mal.
- Dale nociones básicas para que aprenda a protegerse (no tocar cosas calientes, no meter los dedos en el enchufe, no introducirse objetos en la boca, etc.).
- Enséñale juegos y pon a su alcance objetos fáciles de explorar que estimulen su sed de conocimiento.
- Cuéntale historias y cuentos de una forma divertida, dramatizando a los personajes y haciéndole partícipe a él de la propia historia. Utiliza muñecos o marionetas, así lograrás obtener toda su atención.

Atención: señales de alerta

A esta edad, algunos niños empiezan a presentar un comportamiento distinto a los demás o no crecen de la forma esperada. Es el momento de estar alerta y detectar si tu hijo presenta algún trastorno psicológico o de otro tipo. Según la American Academy of Child and Adolescent Psychiatry (AACAP), cuando un psiquiatra examina a un niño les pregunta a los padres si han notado algunos de los siguientes síntomas:

- No sonríe a sus padres o a las personas que lo cuidan.
- Actúa de forma rara o tiene apariencia extraña.
- Le falta movimiento o expresión facial.
- Habla de forma extraña o tiene un lenguaje privado que nadie entiende.
- Tiene conversaciones extrañas consigo mismo.
- Hace movimientos repetitivos extraños, por ejemplo dar vueltas como una peonza, sacudir los brazos o dar golpes con la cabeza.
- Expresa pánico cuando va de un lugar a otro.

Los desórdenes psiquiátricos graves persisten durante mucho tiempo y pueden durar toda la vida. Sin embargo, cuando un niño con estos síntomas es tratado a una edad temprana, casi siempre mejoran su salud y su habilidad para desempeñar las tareas cotidianas. Los padres observadores, los pediatras, los cuidadores o el personal de la guardería, que ven al niño regularmente, pueden comparar al pequeño con otros de su misma edad y establecer con conocimiento de causa si es necesario consultar a un especialista.

Nuevos alimentos

Tu hijo ya ha superado varios retos alimenticios en estos doce meses: la etapa de la alimentación exclusiva con leche y la introducción paulatina de sólidos. A su corta edad, estos hechos son fundamentales en su vida. Ahora, deberá comer casi de todo y de forma muy parecida a la de los adultos. Ésta es una guía sobre lo que debes incorporar y qué le aporta a tu bebé.

La alimentación sigue siendo un asunto de vital importancia. Tu hijo ya tiene los primeros dientes, que le ayudan a masticar y deglutir. Además, ya puede compartir la mesa y los alimentos con su familia; todo un acontecimiento que cambiará su percepción de este momento en el que la familia se reúne. Debes aprovechar que tu pequeño ya quiere comer como los demás para dejar de darle purés o comidas blandas y semiblandas. Es momento de que el niño se habitúe a distintas texturas y empiece a masticar lo que come. Además, ya podrá incorporar alimentos hasta ahora prohibidos. Puede empezar a consumir yogures con leche entera, pero naturales y sin colorantes (pueden causar alergias). También puede comer carne de cerdo e hígado. Ha llegado asimismo la hora de incluir el huevo en la dieta, ya que la albúmina de la clara ya no le causará problemas de alergia. Eso sí, procura evitar todavía embutidos o alimentos con espinas o huesos pequeños. El atún y el salmón añádelos, mejor, a partir de los dieciocho meses. Para evitar atragantamientos, desecha los caramelos o dulces pequeños; mejor a partir de los tres años. Desde los trece meses, tu pequeño debe adquirir hábitos de alimentación ordenados. A partir de ahora, la rutina será idéntica a la de un adulto, con cinco comidas al día: desayuno, tentempié, almuerzo, merienda y cena.

A partir de los trece meses tu pequeño debe tener hábitos de alimentación ordenados. En este periodo, la rutina es idéntica a la de un adulto, con cinco comidas al día: desayuno, tentempié, almuerzo, merienda y cena.

Si tu hijo ya tiene más de un año, puedes reemplazar la leche materna o la fórmula de continuación por leche entera de vaca hasta que cumpla dos años, aunque la mayoría de los pediatras recomiendan leches de crecimiento fortificadas, que aportan todo lo necesario para la alimentación en esta edad.

Leche que nutre

La leche y sus derivados siguen siendo un ingrediente de la dieta muy relevante. Son una fuente importante de grasas, proteínas, calcio y vitaminas A y D. Si tu hijo ya tiene más de un año, puedes reemplazar la leche materna o de fórmula por leche entera de vaca hasta que cumpla dos años, aunque la mayoría de pediatras recomiendan leches de crecimiento fortificadas, que aportan todo lo necesario para la alimentación en esta edad. Después de los tres años, lo mejor es que le ofrezcas a tu hijo lácteos bajos en grasa para evitar futuros problemas de colesterol. Nunca des a tu bebé leche de origen animal antes del año, ya que perjudica su crecimiento y desarrollo. Además, es pobre en hierro y tiene una baja absorción intestinal, por lo que predispone a sangrados y alergias gastrointestinales que se asocian a deficiencia de hierro y anemia. La leche de vaca es escasa en otros nutrientes, como ácidos grasos esenciales y vitaminas C y E.

La Asociación Americana de Pediatría aconseja que las raciones sean de 3/4 de taza de leche, yogur o batidos y 30 gramos de queso, algo así como dos fichas de dominó. Y no olvides que los lácteos protegerán sus huesos y sus dientes.

¿Qué alimentos debe incluir la dieta de mi hijo?

Ya conoces los alimentos que puede tomar tu pequeño. Ahora te pueden surgir dudas de cómo combinarlos o qué debe contener cada comida. En general, cada comida del día debe incluir, por lo menos, un alimento de cada grupo, es decir, proteínas, carbohidratos y grasas.

1 La leche sigue siendo fundamental por el calcio y su importancia en el crecimiento. El niño debe tomar entre tres y cuatro vasos al día. Recuerda que hay que empezar a racionar el uso del biberón y del chupete para eliminarlos en unos meses. Los expertos recomiendan que los niños no utilicen biberón ni chupete después de los dos años.

2 Tu pequeño tiene que consumir las calorías según su actividad y gasto de energía. Por eso, en cada comida debe haber un carbohidrato: galletas, pan o cereal en el desayuno, y patata, arroz o pasta en el almuerzo y la cena, por ejemplo.

3 El hierro tampoco puede faltar, sobre todo a esta edad en la que su carencia derivará en anemia. Además, el déficit de hierro conlleva problemas de concentración y sueño. Para tomarlo de los alimentos, es suficiente con comer hígado, fresas o legumbres como las lentejas.

4 Las verduras, frutas y legumbres son indispensables. El niño de entre uno y dos años ha de tomar dos raciones de cada uno de estos alimentos al día.

5 Las proteínas de la carne son fundamentales para proteger de las enfermedades. Deben formar parte de la comida y la cena. Se puede alternar con pescado, también vital para esta edad, sobre todo por el contenido de omega 3 de algunos de ellos y su cantidad de proteínas.

6 Evita los fritos, los dulces, las salsas con mucha grasa y los frutos secos.

7 Los refrescos, el té y el café no son aptos para esta edad. Sin embargo, tu pequeño ya puede tomar agua en las comidas o cuando tenga sed. Siempre es mejor darle zumos naturales que artificiales.

8 Suprime alimentos o guisos muy condimentados, picantes, salados o azucarados.

Diferencias entre leches

	Leche materna	Fórmula	Leche de vaca
Energía, kcal	60-65	65	60-65
Proteínas g	0,9-1,1	1,2-1,9	3,2-3,5
Seroproteínas/caseína	65-35	60-40	18-82
Lípidos g	3,7	2,7-4,1	3,5
1.- Ácido lipoleico	0,4	0,4	0,1
2.- Ácido araquinódico	20	–	4
3.- Ác. docosahexaenoico	10	–	–
Glúcidos g (Lactosa)	7	5,4-8,2	4,5
Calcio mg	35	40-60	125
Fósforo mg	15-20	20-30	100
Hierro mg	0,05	0,7	0,04
Zinc mg	0,2-0,4	0,2-0,5	0,3
Vitamina A UI	150-180	200-300	93
Vitamina D UI	0,4-10	40	0,3-4
Vitamina C mg	4,3	5-15	1,7
Vitamina E mg	0,4	0,8-1,6	0,04

Menú para niños entre 1 y 2 años

Desayuno	Media mañana	Comida	Media tarde	Cena
1/2 taza de leche de vaca o de crecimiento	1 yogur entero	1/2 taza de ensalada de zanahoria y tomate con aceite de oliva	30 g de queso fresco	1/2 taza de pasta con queso rallado
60 a 120 cm³ de cereales con hierro sin azúcar	1/2 rebanada de pan integral o una galletita de avena	30 g de pollo a la plancha	1/2 taza de pera cortada en daditos	1 huevo en tortilla
1/2 taza de manzana en daditos		1/2 taza de plátano en rodajas	1 rebanada de pan integral	60 a 100 g de espinacas hervidas o rehogadas

Necesidades nutricionales para un bebé de 1 a 2 años

- Calorías- 1.200 a 1.300 kcal/día
- Proteínas- 25 a 30 g/día
- Carbohidratos- 100 a 160 g/día
- Grasas- 35 a 45 g/día

Lácteos versátiles

Los alimentos de este grupo se adaptan a cualquier hora y son ingredientes de guisos muy variados. Gracias a su versatilidad, es posible que tu hijo los coma aunque haya presentaciones que no le agraden. Lo mejor es indagar de qué forma se le hacen más apetecibles. He aquí algunas ideas:

• La leche puede tomarse a cualquier hora del día, como complemento de otros platos o con distintas preparaciones, como batido, zumo, mezclado con cereales o galletas…

• El queso es rico en proteínas y calcio. Tu pequeño lo puede tomar en dados, pastas, ensaladas, tortillas, bocadillos…

• El yogur ayudará a tu bebé a regenerar la flora intestinal y mejorar su sistema inmunológico. Puedes dárselo con cereales y fruta natural en el desayuno o merienda.

Antioxidantes que dan la vida

La alimentación es determinante para todo lo que hacemos. En los alimentos se pueden encontrar los antídotos de algunas enfermedades o la prevención para otras. Los famosos antioxidantes son agentes protectores que combaten el envejecimiento y algunas dolencias. Son indispensables para hacer frente a los radicales libres que se producen en el cuerpo durante procesos bioquímicos cotidianos, como la digestión y la respiración. La exposición a la contaminación, la radiación ultravioleta, el humo de los cigarrillos y los rayos solares pueden aumentar la presencia de estos agentes dañinos. Sin ir más lejos, los investigadores relacionan los radicales libres con cerca de cincuenta enfermedades, como cáncer, aterosclerosis, artritis o patologías pulmonares y de corazón. Para que sepas qué antioxidantes están en los alimentos y dónde se encuentran, te ofrecemos la siguiente lista:

• Betacaroteno: zanahoria, calabaza, espinaca, melón, mango, melocotón.

• Luteína: yema de huevo, espinaca, vegetales verdes.

• Licopeno: tomate maduro y derivados (salsas para pizza y pasta, zumo, salsa de tomate), sandía, pomelo, guayaba, papaya.

• Selenio: nueces de Brasil, pollo, pescado, atún, pavo, cebada, arroz, trigo y derivados (pan, pasta).

• Vitamina A: zanahoria, calabaza, espinaca, melón, pavo, hígado, yema de huevo, leche y derivados.

• Vitamina C: naranja, pomelo, mandarina, piña, pimentón, fresas, brócoli, melón.

• Vitamina E: germen de trigo, semillas de girasol, aceites vegetales, nueces, almendras.

Cuidados en la alimentación

Una vez que tu hijo ya puede comer de todo,
es hora de prevenir y solucionar posibles
episodios de mala nutrición, enfermedades
o intoxicaciones por alimentos.

La alimentación sigue teniendo un gran protagonismo en el desarrollo de tu pequeño. A esta edad en la que ya puede comer casi de todo, hay que poner especial atención para evitar el exceso de dulces y grasas. Su estómago todavía no está preparado para digerir estos ingredientes, escasos en nutrientes, y una ingesta excesiva puede ocasionarle malestar. Sobre todo, intenta hacer un esfuerzo en vacaciones, cuando una se relaja con las normas, tanto de comportamiento como alimenticias. Tu hijo todavía es pequeño, está conociendo ingredientes nuevos y una ingestión desmesurada de azúcar o grasa puede producirle alteraciones gastrointestinales que le pasen factura en el futuro. Cuando hay una reacción a la comida, siempre debes observar si es debida a una cantidad excesiva, a alergias alimentarias o a una intoxicación, algo muy común en este tramo de edad que comienza tu hijo. Para evitar molestias regulares de tu bebé después de comer, existen sencillas reglas que te ayudarán a establecer rutinas saludables. Entre otras, es aconsejable que, hasta los dos años, proporciones a tu hijo alimentos que contengan omega 3 y fibra, pues ayudan al desarrollo del tracto gastrointestinal y al fortalecimiento del sistema inmunológico. También, en la medida de lo posible, utiliza siempre alimentos frescos con ingredientes naturales, bajos en azúcar y sal, que le permitan llevar una dieta sana.

Yogur muy saludable

Los yogures y otros derivados lácteos fermentados contienen microorganismos conocidos como probióticos, que favorecen el mantenimiento de la flora intestinal, reducen el riesgo de enfermedades y fomentan la salud. Los lactobacilos y las bifidobacterias son los más utilizados, ya que ayudan a combatir diarreas y otros trastornos gastrointestinales, infecciones del sistema urinario, desórdenes inmunológicos, intolerancia a la lactosa y alergias alimentarias. Son altamente recomendables para tu bebé.

Cuando hay una reacción a la comida, siempre debes observar si es debida a una cantidad excesiva, a alergias alimentarias o a una intoxicación, algo muy común en este tramo de edad que comienza tu hijo.

A mi hijo le sienta mal la leche

A esta edad comienza a darse con más frecuencia la aparición de intolerancias alimenticias. En el caso de la leche de vaca, se pueden producir dos tipos de reacciones adversas en tu pequeño. Es importante que conozcas la diferencia entre ambas, aunque será tu pediatra el que las diagnostique. Lo normal es que la intolerancia o alergia desaparezca entre los dos y tres años de edad de forma natural. Con la siguiente información sabrás si tienes que consultar al médico.

• **Alergia a la proteína:** El 2% de los niños menores de dos años son alérgicos a la leche, que contiene cerca de veinticinco proteínas alergénicas. Los síntomas que puede presentar tu hijo son: náuseas, vómitos, cólicos, diarrea, estreñimiento, hemorragia digestiva, anemia por pérdida crónica de sangre interna, aumento de peso y talla inadecuado, desnutrición, eccema, edema labial, urticaria, prurito, rinitis alérgica, asma, conjuntivitis alérgica e hipotensión. La leche de soja puede ser una opción, pero es importante consultar con el médico acerca de su consumo. La soja es una fuente de proteínas de origen vegetal y es rica en carbohidratos, fibra, ácidos grasos, vitaminas y minerales.

• **Intolerancia a la lactosa:** La leche de vaca contiene carbohidratos como la lactosa, un azúcar natural que está además en la leche materna y en algunos productos elaborados, como panes o galletas. A veces, los niños desarrollan intolerancia a este azúcar y no pueden digerirlo porque su intestino carece de la enzima que lo desdobla, la lactasa. Esto puede ocurrir por una alteración genética (congénito) o por una deficiencia en el desarrollo de lactasa, que suele aparecer en bebés nacidos antes de la semana 34 de gestación. Esta deficiencia es transitoria y se soluciona cuando el intestino madura. Otra causa es la disminución progresiva de la lactasa a partir del nacimiento. En este caso, los síntomas aparecen entre los tres y cinco años. También puede haber deficiencia de lactasa después de alguna diarrea grave, de haber sufrido rotavirus o si los niños tienen parásitos; no obstante esto puede ocurrir a cualquier edad. Si la ausencia de esta enzima es congénita, la intolerancia se produce desde el comienzo de la vida y el tratamiento consiste en excluir la lactosa de la alimentación. Los bebés menores de seis meses deben tomar leche materna, pero la madre no tiene que excluir la leche de su dieta. Los que se alimentan con fórmula deben cambiar a una sin lactosa. Si el pequeño ya come sólidos, los padres tienen que retirarle todos los alimentos que contengan leche en sus ingredientes, como pan, bollería, galletas, algunos cereales infantiles, helados, salsas... Cuando la deficiencia de lactasa es la consecuencia de un episodio que afecta al intestino, la intolerancia mejora en un periodo de dos a ocho semanas de tratamiento con alimentación sin lactosa. Es importante resaltar que la leche deslactosada no debe darse a menores de un año. Los niños mayores pueden ingerir este tipo de leche siempre que lo indique el pediatra. Si tu hijo no tolera la lactosa, puede mostrar signos de distensión abdominal, cólicos, gases, eructos y producir heces semilíquidas, explosivas y ácidas que queman el área del pañal y suceden inmediatamente después de tomar la leche.

Cuidado con las intoxicaciones

Los niños de uno a cuatro años son los más propensos a padecer intoxicaciones. Generalmente, éstas son las causas:

• Medicinas, sobre todo tranquilizantes y analgésicos. Siempre hay que guardar estos productos en armarios que estén fuera de su alcance. Si puede ser, mejor bajo llave.

• Ingestión de detergentes u otros productos de limpieza que estén al alcance de los niños. No usar ningún envase de agua o refresco, que el niño identifique con bebida, para guardar restos de detergente o algún otro producto tóxico. Almacenar por separado los productos de limpieza y los alimentos.

• Ingestión de restos de bebidas alcohólicas o colillas de tabaco del cenicero.

• Comer plantas silvestres o flores del campo, de un jardín o de las macetas que tienes en casa.

• Por monóxido de carbono. En este caso se produce por un escape de dicho gas, que es inodoro e insípido.

Las intoxicaciones son muy comunes en niños de uno a dos años. Por eso, es imprescindible que no se deje al alcance de su mano nada que los pueda perjudicar.

Combatir problemas de nutrición

Los papás deben observar y estar pendientes de la cantidad de comida que toman sus hijos y si los alimentos les causan reacciones adversas. El exceso de comida, la intolerancia alimentaria y la intoxicación son muy comunes en esta edad. Saber qué hacer o qué alimentos no darle contribuye a evitar estas situaciones.

Exceso de alimentos	Intolerancia alimentaria	Intoxicación
Hábitos saludables con raciones adecuadas para su edad.	Las fresas, los mariscos y algunos frutos secos son alergénicos. Evítalos hasta los tres años si hay antecedentes familiares.	Revisión de la fecha de envase y caducidad de los alimentos. Debes conservarlos correctamente.
Debe darse una alimentación que incluya todos los grupos según la etapa y el desarrollo del niño.	Observa siempre la reacción de tu hijo después de incorporar alimentos nuevos a su dieta. Si hay reacción anormal, consulta con el pediatra.	Lavarse las manos siempre antes de comer.
Educación y ejemplo de los padres en costumbres alimenticias.		Máxima higiene en la manipulación de los alimentos y en la limpieza de los utensilios de cocina.

A esta edad, debes estar muy atento a lo que bebe y come tu hijo. Detectar cualquier intolerancia alimentaria a tiempo es garantía para su salud futura.

Diarrea, cómo alimentar a tu bebé

Si tu hijo tiene diarrea, algo común en esta etapa, pon atención a las recomendaciones del médico. No siempre lo que pensamos que es lo mejor es la solución. Por ejemplo, muchos padres eliminan la leche de la dieta de su hijo cuando tiene episodios de este tipo. Según los especialistas, no es correcto. A diferencia de los adultos, a los niños con diarrea no se les suprime la leche. En estos casos, lo óptimo es darles alimentos astringentes, es decir, los que ayudan a retrasar los movimientos del intestino y a disminuir la pérdida de agua a través de las heces. Los alimentos adecuados son aquéllos ricos en pectina, como pera, manzana, zanahoria cocida, plátano y calabacín. Además, se pueden incluir alimentos de fácil digestión y absorción, como cereales refinados, precocidos, fideos y pan tostado. En estos casos, deberás darle a tu hijo raciones más pequeñas y más veces al día. Por supuesto, nunca intentes darle a probar un alimento nuevo cuando esté enfermo. Para evitar la diarrea, también puedes darle caldo de pollo, tomate, pastas, pescado hervido, carne a la plancha, melocotón, zumos o compotas de las frutas que el pediatra te prescriba. Queda prohibida la ingesta de grasas, comidas picantes, productos integrales, cáscara de cualquier fruta, azúcares refinados, embutidos, refrescos, bebidas energéticas y café.

Estreñimiento

Otro aspecto que hay que vigilar en los niños de esta edad es el estreñimiento. La incorporación de los sólidos y la tendencia, a veces, a comer sólo lo que les gusta, evitando verduras y frutas, puede desembocar en un estreñimiento que creará malestar general en el bebé. Cuando esto sucede, los bebés presentan dolor abdominal, irritabilidad, falta de apetito, sangrado rectal y fisuras anales. Pon atención si tu hijo no hace caca, o si la hace todos los días pero las heces son grandes, duras o dolorosas. Otros efectos del estreñimiento son sensación de saciedad, inapetencia, vómitos ocasionales, tripa hinchada y muchos gases. Para evitar esto, los especialistas aconsejan hacer una dieta abundante en fibra, el consumo de agua regular o líquidos saludables y practicar ejercicio diario. Y ten en cuenta que las verduras y las frutas son indispensables para conseguir hábitos intestinales adecuados. Para evitar el estreñimiento debe suprimirse al máximo posible la ingesta de tubérculos, bollería industrial, cereales como arroz, pasta, pan blanco, galletas, chucherías, helados, refrescos, bebidas artificiales, fritos, carne, leche y yogur en exceso.

A diferencia de los adultos, a los niños con diarrea no se les suprime la leche. En estos casos, lo óptimo es darle alimentos astringentes, es decir, los que ayudan a retrasar los movimientos del intestino y a disminuir la pérdida de agua a través de las heces.

Vitaminas vitales

Las vitaminas son sustancias imprescindibles para el correcto funcionamiento del cerebro y de la función metabólica. No las produce el cuerpo, por lo que deben obtenerse de los alimentos. Ayudan al organismo a digerir las proteínas, los carbohidratos y las grasas, son absorbidas por el intestino y ayudan a la formación de los tejidos. Además, transforman las harinas y los azúcares en calorías y actúan sobre los aminoácidos, esenciales para el crecimiento de los pequeños, pues fortalecen el sistema inmune, aceleran la cicatrización de heridas, son poderosos antioxidantes e intervienen en la formación ósea y en la conservación de las mucosas oculares y bucales, además de en la coagulación. La fuente natural de las vitaminas son las frutas, las verduras y el huevo. A continuación se explican algunos aspectos esenciales de las vitaminas:

• Las vitaminas hidrosolubles no pueden ser almacenadas. Esto quiere decir que se eliminan por la orina y deben ingerirse de forma regular para evitar la falta de las mismas.

• Las vitaminas sintéticas no son necesarias en los niños que tienen una alimentación completa, suficiente y equilibrada con proteínas, carbohidratos, grasas y vegetales. El consumo de suplementos vitamínicos sin prescripción médica puede ser inútil y hasta peligroso.

• La falta de vitaminas en el organismo provoca enfermedades como el escorbuto, por déficit de vitamina C, o el raquitismo, por déficit de vitamina D. La carencia crónica de algunas vitaminas está relacionada con cáncer, dolencias cardiovasculares, cataratas, artritis, trastornos del sistema nervioso, alteraciones oculares y patologías hepáticas. Su ausencia también deriva en alteraciones del pelo, la piel y las mucosas en niños desnutridos.

A cada vitamina su función

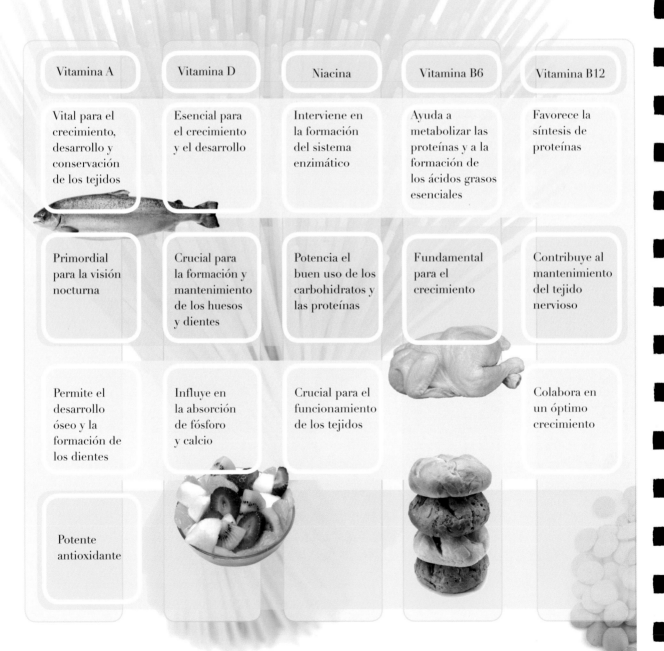

Vitamina A	Vitamina D	Niacina	Vitamina B6	Vitamina B12
Vital para el crecimiento, desarrollo y conservación de los tejidos	Esencial para el crecimiento y el desarrollo	Interviene en la formación del sistema enzimático	Ayuda a metabolizar las proteínas y a la formación de los ácidos grasos esenciales	Favorece la síntesis de proteínas
Primordial para la visión nocturna	Crucial para la formación y mantenimiento de los huesos y dientes	Potencia el buen uso de los carbohidratos y las proteínas	Fundamental para el crecimiento	Contribuye al mantenimiento del tejido nervioso
Permite el desarrollo óseo y la formación de los dientes	Influye en la absorción de fósforo y calcio	Crucial para el funcionamiento de los tejidos		Colabora en un óptimo crecimiento
Potente antioxidante				

Vitamina C	Vitamina E	Tiamina	Riboflavina
Importante para el sistema inmune	Poderoso antioxidante	Básica para el crecimiento, el apetito, la digestión y la salud en general	Imprescindible para el crecimiento
Esencial para la cicatrización de las heridas	Evita la oxidación de los ácidos grasos insaturados y la vitamina A en el intestino y tejidos corporales		Vital para el funcionamiento de los tejidos
Favorece la absorción de hierro			

Problema de peso

La obesidad es un problema de salud pública que afecta cada vez a niños más pequeños. Aunque no es frecuente que se produzca en esta etapa, hay que estar muy pendiente para evitar problemas futuros que hagan de tu hijo un niño con kilos de más y enfermedades asociadas.

La Academia Americana de Pediatría alerta del riesgo del consumo de bebidas azucaradas. Un estudio estadounidense determinó que una lata diaria de refresco o zumo artificial incrementaba el riesgo de obesidad infantil en un 60%.

La Organización Mundial de la Salud (OMS) afirma que hay cuarenta y tres millones de niños menores de cinco años con sobrepeso u obesidad. Es, pues, una epidemia global y un problema de salud pública que puede desembocar en diabetes, cardiopatías y problemas ortoesqueléticos en edades tempranas. Algunos estudios vaticinan que esta generación de niños de cinco a doce años será la primera con una esperanza de vida inferior a la de sus padres. En tu mano está fomentar que tu hijo adquiera hábitos saludables que le permitan quedar fuera de las estadísticas que pronostican un mundo repleto de niños y adultos con trastornos alimentarios y problemas de salud. Todos los estudios recalcan que cuando el sobrepeso se produce entre los seis meses y los siete años, el porcentaje de obesidad en la edad adulta es del 40%, mientras que, entre los diez y los trece años,

la probabilidad se eleva al 70%. Además, el 80% de los adolescentes obesos seguirán con esta enfermedad toda su vida. Pero, ¿cómo sabes si tu pequeño necesita ponerse en manos de un nutricionista? Todavía hay mucha gente que piensa que un bebé rollizo es sano, pero los expertos desmienten esta máxima. Estar gordo no es sinónimo de buena salud. El índice de masa corporal (IMC) indica si existe sobrepeso u obesidad y si es elevado, constituye un factor de riesgo de enfermedades crónicas como las cardiovasculares, la diabetes, las artrosis y algunos cánceres, como el de endometrio, mama y colon. Para saber si tu hijo tiene sobrepeso, basta con utilizar una fórmula sencilla: se multiplica la edad por dos y, a esa cantidad, se le suma ocho. El resultado es el peso ideal. Un 20% por encima de esta cifra es sobrepeso y supone un riesgo de obesidad.

Cuando el sobrepeso es una enfermedad

El organismo de los niños menores de cinco años está en formación. Su cuerpo está adquiriendo las defensas que necesita para superar enfermedades comunes. Para evitar patologías como hígado graso, hipertensión, intolerancia a los carbohidratos y diabetes en edades precoces, toma nota de las siguientes medidas preventivas:

- Presta atención a los síntomas que indican sobrepeso en tu bebé.
- Nunca dejes que pasen largos periodos de ayuno entre las comidas de tu pequeño.
- Disminuye la ingesta de leche, chocolate, nata y aceites, ya que tienen mucha grasa saturada.
- Suprime en lo posible medicamentos antiinflamatorios.
- Dale alimentos ricos en fibra.
- Ofrécele como bebida agua.
- Enseña a tu hijo a relajarse.
- Estimula a tu pequeño para que se aficione a hacer ejercicio de forma regular.

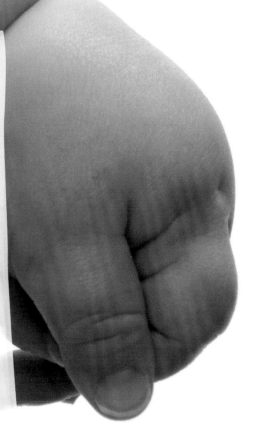

Etapas críticas

Aunque no existe una edad exacta en la que se manifiesta la obesidad infantil, existen algunos periodos de riesgo en la vida de tu pequeño que pueden contribuir a su aparición en el futuro. El primero de ellos es la etapa fetal. Si tu hijo es prematuro, ha habido algún retraso en el crecimiento intrauterino o eres una mamá que subió mucho de peso en el embarazo, lo mejor es iniciar la lactancia materna en cuanto nazca tu hijo, pues todos éstos son factores que inciden en el sobrepeso u obesidad, y darle el pecho te puede ayudar a evitarlos. Otra fase que hay que observar con detenimiento es la infancia temprana, cuando tu hijo tiene un año. A esta edad, el niño puede tomar un exceso de proteínas si las dosis de leche son excesivas o si realizas una introducción de alimentación complementaria errónea. Por último, ten cuidado cuando el niño tenga entre cinco y siete años. Es justo el momento en que se presenta un fenómeno llamado rebote adiposo, cuando el niño termina la edad preescolar y comienza a adquirir hábitos inadecuados de alimentación, como consumo de fritos, chucherías, bebidas azucaradas, etc.

Grasa con consecuencias para la salud

La imagen del niño rollizo como ideal de bebé se ha quedado obsoleta. Si observas que tu hijo tiene un 20% más respecto a su peso ideal, debes comenzar a vigilar esos kilos que le sobran. Tu pediatra te podrá orientar sobre qué hacer para evitar que el exceso de peso desemboque en alguna de las siguientes patologías:

• Diabetes tipo 2, la segunda enfermedad más común de la infancia. Relacionada directamente con la obesidad.

• Ictus. Tu hijo podría tenerlo treinta años antes de lo establecido para la media.

• Asma. Aumenta un 50% su agudización.

• Hipertensión. Aumenta su incidencia y se adelanta el riesgo de infarto.

• Hígado graso (afecta a la mitad de los niños obesos).

• Mayor proporción de problemas óseos y musculares.

• Adelanto de la pubertad y trastornos de fertilidad.

• Aumento de los problemas de autoestima.

• Colesterol alto.

• Alteraciones del metabolismo.

• Enfermedades coronarias y cardiovasculares.

• Apnea obstructiva.

• Reflujo gastroesofágico.

• Estreñimiento.

La OMS establece que en una dieta de 2.000 calorías para un adulto la cantidad de azúcar no debe sobrepasar los 35-50 gramos diarios, y una lata de Coca-Cola ya tiene 35 gramos.

Más vale prevenir que curar

Los especialistas aconsejan:

• Los padres son un ejemplo para sus hijos. Tienen que fomentar la alimentación adecuada y la actividad física. Jamás deben increpar a sus hijos por su peso, podrían convertirse en adolescentes con trastornos de alimentación.

• Algunos estudios han demostrado que los padres se autoengañan sobre el peso de su hijo y piensan que tendrán tiempo de adelgazar en el futuro. Mejor, consulta con un pediatra acerca de los kilos de más de tu hijo y no saques conclusiones propias.

• Practica la lactancia materna, al menos, durante los primeros seis meses de vida de tu bebé.

• Propicia el consumo de frutas y verduras en la dieta familiar y en la de tu hijo.

• A partir de los tres años, ofrece a tu pequeño lácteos descremados, cereales integrales y proteínas, especialmente pescado o derivados de pollo y carne. Elimina siempre la grasa de los alimentos que cocines.

• Evita que tu hijo se aficione al consumo de comida basura, refrescos y zumos artificiales. Tampoco uses azúcar, miel ni canela en los alimentos para darles más sabor, sobre todo en este periodo de uno a dos años.

• Aficiona a tu pequeño a practicar deporte y juegos al aire libre. Los niños deben hacer, como mínimo, treinta minutos diarios de ejercicio.

• Establece una rutina de comidas que exija a la familia comer en la mesa y a una hora determinada.

• El agua es la bebida ideal para consumir con las comidas. No habitúes a tu hijo a tomar zumos ni refrescos en estos momentos.

Remedios contra la obesidad

La ciencia ha probado reiteradamente que el consumo regular de frutas y verduras es beneficioso para la salud. La Organización Mundial de la Salud afirma que más de dos millones y medio de vidas podrían salvarse anualmente si aumentara la ingesta de este grupo de alimentos, debido a que disminuirían los riesgos de sufrir enfermedades como cardiopatía isquémica, accidente cerebrovascular y cáncer de estómago, esófago, colon/recto y pulmón. Así que está claro que de ti depende fomentar el consumo de este tipo de alimentos desde la más tierna infancia, pues de esta manera, tu bebé evitará enfermedades crónicas que pueden limitar su calidad de vida. Con más de un año, tu hijo ya está preparado para comer de todo, pero siempre en cantidades adecuadas a su edad. No olvides que un plato repleto de comida puede llegar a intimidarlo o provocar rechazo: es mejor menos cantidad y más variada. A su edad, es importante que mantengas una propuesta gastronómica colorida, atractiva y rica en nutrientes.

La pirámide alimentaria ha cambiado. Dadas las condiciones actuales de sedentarismo, en la base, como elemento indispensable, se encuentra el consumo de agua y se recomienda la práctica de ejercicio durante unos treinta minutos cada día.

Controla el azúcar

Los pequeños adoran las golosinas y, aunque no es necesario prohibir su consumo, se deben tomar en cantidades adecuadas. Los dulces, chocolates, bollería, chucherías y bebidas azucaradas deben ser eventuales. Su ingesta en exceso produce trastornos como sobrepeso, obesidad, diabetes, caries dental, somnolencia, hiperactividad, falta de concentración, gases, indigestión y hasta problemas de páncreas. Si decides darle ingredientes ricos en azúcar, elige los mejores, aquellos que tienen leche y por tanto aportan proteínas y calcio, como los helados y los batidos.

Más fibra, por favor

Su consumo genera hábitos de alimentación saludables. Si quieres dar fibra a tu hijo, la encontrarás en cereales integrales, como arroz integral, harinas integrales, Granola, muesli y avena, y en productos elaborados con ellos, como panes, galletas, pastas integrales y leguminosas (lentejas, garbanzos, guisantes, alubias, habas), frutas y vegetales. También en alimentos de fórmulas infantiles, cereales infantiles fortificados, yogures y leches con probióticos. Entre sus beneficios están el contribuir al mantenimiento de la flora intestinal y ayudar a tener un peso adecuado en el niño. Además, modula los niveles de colesterol, triglicéridos y glucosa en la sangre, algo muy útil en niños propensos a la diabetes o a la intolerancia a la glucosa.

Diabetes infantil

Aunque los pequeños padecen especialmente diabetes del tipo 1, que es genética, se han registrado casos del tipo 2, adquirida por malos hábitos. Cuando una persona padece esta enfermedad, el cuerpo no produce suficiente o ninguna cantidad de insulina para procesar la glucosa que se utiliza como energía o combustible para las células. Si es tu caso, y tu hijo es diagnosticado de diabetes del tipo 2, el médico te dirá que puede ser controlada bajando de peso y mejorando los hábitos de vida de tu pequeño, es decir, con una alimentación equilibrada, ejercicio físico y, si lo prescribe, la oportuna medicación. Pero lo más importante es que, desde que nace tu hijo, establezcas en casa rutinas de vida saludables, pues te ayudarán a prevenir este tipo de patologías. Para ello, evita los alimentos con colorantes artificiales; su consumo exagerado afecta al sistema inmunológico. La ingestión, aunque sea moderada, de bollería industrial o alimentos envasados genera falta de apetito y aumento de peso debido a su alto valor energético (450-550 calorías por unidad). Los refrescos tienen alto contenido calórico y no aportan nutrientes; además crean dependencia y obesidad, así que no aportan nada al crecimiento de los más pequeños.

Juguetes para mover el cuerpo

• **Correpasillos y juguetes de cuatro ruedas estables:** Tu bebé podrá ir sentado y darse impulso con los pies.

• **Pelotas grandes de plástico o tela:** Les encantan; disfrutará corriendo tras ellas y viendo cómo se alejan si las empuja, y cómo vuelven si otra persona las impulsa de nuevo hacia él.

• **El escondite:** Oculta un objeto que suene, como un despertador, un sonajero o una campanita, e incita a tu pequeño a que lo encuentre. Luego le pides que lo esconda él. Así desarrolla las facultades auditivas y se fomenta su atención y su sentido de la orientación.

• **Baile:** Seguramente a tu hijo le entusiasma cantar y bailar. Es el mejor momento para enseñarle las letras infantiles que te acompañaron en tu niñez. Coreografíalas con movimientos divertidos como vueltas, saltos o pasos rítmicos. Tu hijo te imitará.

• **Aventura en el hogar:** La idea es que prepares a tu hijo una ruta por toda la casa. Juntos, recorreréis el espacio mientras él va cogiendo objetos y juguetes que le llamen la atención. Tendrá que llevar alguno de éstos junto a mamá o papá. Debes felicitarlo cuando llegue a tus brazos.

• **Punching-ball:** Se cuelga del techo un globo grande o una pelota de playa y se deja a la altura del pequeño. Así podrá darle puñetazos sin peligro de hacerse daño. Entre otras habilidades, ejercitará el equilibrio para no caerse.

Factores de riesgo que potencian el exceso de kilos

Los hábitos inadecuados de alimentación y el sedentarismo que padecen los niños en la actualidad son factores que han disparado los índices de sobrepeso. Según datos del Instituto Nacional de Estadística (INE), de la Organización Mundial de la Salud (OMS) y de la Sociedad Española para el Estudio de la Obesidad (SEEDO), el 27,6% de los niños españoles sufren sobrepeso u obesidad. Otro estudio de la Fundación Thao demuestra que la tendencia va en aumento: un 29,3% de los niños españoles de entre tres y doce años tienen sobrepeso u obesidad. Tal vez te pueda ayudar conocer los factores ambientales y de alimentación que contribuyen a ello:

- **Obesidad de los padres.** Si el papá de tu hijo es obeso, la probabilidad de que el niño lo sea es del 20-40%. Si ambos progenitores lo son, la probabilidad se incrementa al 80%.
- **Diabetes materna.** Los niños de padres diabéticos tienen más riesgo que los demás de padecer obesidad y diabetes.
- **Tabaco.** La exposición intrauterina al consumo de tabaco aumenta la probabilidad de obesidad.
- **Excesivo peso al nacer.** Las investigaciones demuestran que niños con exceso de peso al nacer se pueden convertir en adultos obesos.
- **Pobreza.** En la mayoría de los países occidentales, las familias de nivel socioeconómico más bajo registran un porcentaje mayor de obesidad. Las dietas obesogénicas están influidas por los ingresos familiares y la falta de acceso a alternativas saludables.
- **Grupo étnico.** Los afroamericanos o hispanos que viven en sociedades occidentalizadas tienen más riesgo de obesidad, como ocurre en Estados Unidos.
- **Alimentación infantil.** Algunos estudios evidencian que la leche materna puede prevenir la obesidad y la diabetes tipo 2 en la infancia.
- **Consumo de grasa.** Las dietas ricas en grasas producen obesidad.
- **Bebidas azucaradas.** El exceso de azúcar de refrescos y zumos artificiales, entre otras bebidas, está relacionado directamente con la ganancia de peso.
- **Sedentarismo.** Ver la televisión, jugar a videojuegos y no participar en actividades deportivas aumenta la propensión al sobrepeso.
- **Problemas emocionales o psicológicos.**

Juego y ejercicio

En la etapa de los doce a los veinticuatro meses, el niño sabe agarrar y apretar, aplaudir y decir adiós con la mano. También es capaz de caminar solo o con ayuda y puede perseguir algunos objetos y empujar otros. Suele prestar mucha atención a todo lo que ocurre a su alrededor, aumenta su curiosidad y su necesidad de inspeccionarlo todo y es capaz de imitar lo que ve. El niño se puede reconocer en una foto o en el espejo y hace preguntas con un lenguaje limitado o mediante señas. En este periodo entiende más palabras de las que puede decir, por lo que un buen consejo es aprovechar estas condiciones para hacer ejercicios que desarrollen sus capacidades. Además, estos juegos o estrategias se convierten en momentos para que el pequeño haga ejercicio. Son sus primeras actividades físicas, que él tomara como un juego y disfrutará a lo grande. Te sugerimos algunas ideas que convierten un momento lúdico en la excusa perfecta para poner el cuerpo de tu bebé a tono.

Pelota que rueda

Colócate en el suelo, con las piernas abiertas, y lánzale una pelota rodando. De esta manera, estimulas el desarrollo de su capacidad de agarrar y de recoger objetos y su habilidad de atención. Además, el niño imitará tus posturas y movimientos, lo que estimula su control psicomotor.

Explorando texturas

Busca diferentes texturas que se puedan percibir con los pies (suelo frío, alfombra suave, arena, piedrecitas, barro, algo mojado o seco, diferentes telas, etc.) y ve describiéndole en voz alta, sobreactuando, las sensaciones y texturas. También puedes seguir la misma estrategia para jugar a caminar de distinta manera. Así, puedes enseñarle a caminar de lado, de puntillas, hacia atrás, dando saltitos, en zigzag… Con este ejercicio potencias sus habilidades psicomotrices y el sentido del tacto. Es una forma de mover el cuerpo y ejercitar sus músculos y orientación.

Natación

La natación temprana es una actividad que beneficia a las personas durante toda su vida. Por eso es bueno que tu pequeño aprenda a nadar desde los primeros meses. Esta actividad proporciona al bebé una gran autonomía y, además, favorece una actitud física y mental positiva. Desarrolla su psicomotricidad y, gracias a ello, adquiere habilidades acuáticas que le facilitarán el aprendizaje de la natación en el futuro.

Los objetivos y beneficios de la natación en bebés convencen a cualquiera:

• Consolida la relación entre tu hijo y tú. En el agua, os comunicáis a través de las caricias y el juego.

• Tu pequeño adquirirá confianza, un valor muy necesario para la formación de su personalidad y su relación con el mundo.

• Nadar desarrolla los sentidos, permite a tu pequeño percibir el medio que lo rodea y responder con su cuerpo y movimientos a las exigencias del entorno.

• Es beneficioso para el sistema cardiorrespiratorio.

• Favorece una correcta postura, el equilibrio y la coordinación del niño.

• Es una actividad indicada para niños con necesidades especiales. En el agua, estos pequeños se integran mejor y pueden moverse con más facilidad. Muchas veces, esta actividad es su contacto con el mundo externo.

• Tu hijo adquirirá antes conductas de autocuidado para prevenir accidentes.

Inapetencia.
Niños remilgados

Muchos pequeños se niegan a comer a esta edad y
se convierten en niños inapetentes a los que cuesta
alimentar. Pero no desesperes. Esta etapa forma
parte de su desarrollo y requerirá de ti creatividad
e ingenio a la hora de prepararle la comida.

Si tu hijo ha decidido comer menos, no es que esté enfermo, es algo
normal. La inapetencia es el pan de
cada día de muchos niños en este tramo
de edad, entre uno y dos años. Una de
las causas estriba en que la velocidad de
crecimiento disminuye notablemente,
por lo que sus necesidades de alimentación también se reducen. Durante el
primer año, un bebé puede aumentar
hasta 7 kg, mientras que durante el segundo, lo hace en sólo 2 kg. En cuanto
a la talla, crecen un promedio de 25 cm
durante el primer año y sólo 10 cm en
el segundo. Como siempre, hay que armarse de paciencia, esa virtud que se
cultiva a conciencia mientras tus hijos
son pequeños, y de imaginación. Una
vez más, tienes que esforzarte por crear
guisos divertidos, llamativos y suculen-
tos para su exigente paladar. Por ejemplo, si no le gusta la carne, puedes darle
una hamburguesa con carita feliz y,
así, aprovechar para poner zanahoria
rayada como cabello, una sonrisa con
patatas fritas, etc.

Mi niño no quiere comer

Aunque la inapetencia es frecuente en esta edad, también hay niños que dejan de comer por otras razones. Lo importante es que estés siempre atenta y observes bien a tu hijo. Si detectas algo extraño, no dudes en consultar al médico. Si todo está bien, mejor. Y si no, ya habrás comenzado a poner remedio. Existen varios tipos de inapetencia.

Fisiológica: Los niños, después de cumplir el primer año de vida, no crecen ni aumentan de talla como en los meses anteriores. Tu hijo se interesa más por el juego y por el mundo que está a su alrededor que por la comida. Asimismo, disminuyen sus necesidades calóricas. En los primeros doce meses, el pequeño requiere de 100 a 120 calorías por kilo, mientras que en la etapa preescolar, son entre 80 y 100. Este descenso se refleja igualmente en las cantidades servidas.

Orgánica: Suele ir acompañada de algún tipo de enfermedad, como problemas infecciosos en los riñones, en los pulmones o gastrointestinales. En los primeros doce meses de vida, los bebés deben comer muy bien. Si tu hijo no quiere leche materna entre los seis y los doce meses, y también hace ascos a cualquier otro alimento, es prudente que acudas a la consulta del pediatra.

Malos hábitos alimentarios: El consumo de dulces, productos envasados y bollería industrial en exceso, la omisión de comidas, la flexibilidad de los fines de semana respecto a la hora de comer y al tipo de guisos que se le ofrecen, la escasa variedad en el menú, el consumo de líquidos antes de una comida principal o una madre que no cambia la consistencia de los alimentos y sigue dando purés al niño pueden crear en éste problemas de deglución y restarle capacidad para que coma todo lo que le proporciona los nutrientes adecuados a su edad.

La inapetencia de tu bebé puede deberse a varios factores: fisiológicos, orgánicos o simplemente a malos hábitos alimentarios.

¿Cuándo tengo que darle suplementos y complementos nutricionales a mi hijo?

Seguramente te reconoces en la madre de un niño que no quiere probar bocado. Este rechazo al alimento te hace perder la paciencia y te lleva a idear trucos imposibles para convencer a tu pequeño de que saboree ese puré de calabaza y esa ensalada de remolacha con su particular color morado. Ver que el plato permanece intacto durante horas desespera a cualquiera. Cuando ocurre esto, algunos padres echan mano de suplementos o complementos nutricionales para tratar de suplir con vitaminas las comidas que los niños rechazan. Sin embargo, tomar esta decisión por cuenta propia es algo que no funcionará y que, además, puede poner en riesgo la salud de sus hijos. Sólo en caso de que exista una deficiencia nutricional, inapetencia regular o enfermedad crónica es conveniente el uso de estos productos, previa valoración del pediatra o del nutricionista. La diferencia entre unos y otros es que los suplementos incluyen todos los nutrientes (carbohidratos, proteínas, grasas, vitaminas y minerales) y pueden reemplazar una comida. Los complementos agregan el nutriente que le hace falta al niño: proteínas, vitaminas o minerales.

Si te parece que tu pequeño puede carecer de algún nutriente esencial, consulta al pediatra. Él analizará qué cantidad de nutrientes consume y cuáles son las deficiencias y, con esta información, decidirá si es conveniente recetar algún suplemento o complemento. Además de observar esto, el especialista interroga a los papás sobre los hábitos alimentarios del niño y se intenta hacer un plan para corregir lo que está mal. Siempre tienes que tener un diagnóstico de un profesional para no agravar los problemas que pueda tener tu hijo. Sin ir más lejos, si le ofreces al niño vitaminas A, D y E adicionales sin prescripción médica, el cuerpo las almacena y pueden producirle una toxicidad. Consumir más vitamina A de la que el niño necesita puede dañar su hígado. Además, esta vitamina en un niño que se alimenta a medias no le va a proporcionar la energía necesaria para su desarrollo, pues las vitaminas no generan dicha energía, aunque ayudan a los carbohidratos, grasas y proteínas a transformarse en ésta.

Otro aspecto a tener en cuenta es que un suplemento o complemento se administra siempre después del año de vida. Hay que introducir el producto pero, a la vez, educar al niño en la comida. Es vital seguir las indicaciones del producto en lo referente a la cantidad y modo de empleo. Nunca aumentes ni disminuyas por decisión propia las dosis recomendadas por el especialista. Esto también puede alterar la salud de tu hijo y producir diarrea, entre otras cosas.

En esta etapa, los bebés reducen sus necesidades calóricas. En los primeros doce meses, el pequeño requiere de 100 a 120 calorías por kilo, mientras que en la etapa preescolar necesita entre 80 y 100 calorías.

Medidas de prevención

Antes de utilizar un suplemento o complemento, ten en cuenta lo siguiente:

• Que sean de una compañía reconocida y de confianza.

• Que se usen siempre bajo prescripción médica.

• Que tengan efecto terapéutico concreto y comprobado.

• Que estén diseñados específicamente para niños.

• Que cuenten con respaldo científico.

La importancia del zinc

Este nutriente forma parte de más de doscientas enzimas del organismo, pero su cantidad en el cuerpo es mínima. Los niños con diarrea aguda pierden zinc durante estos episodios y este elemento es clave para el crecimiento, el sistema inmunológico y el apetito. Es importante incluirlo en la dieta de los niños que comen mal, han tenido diarrea o están desnutridos. De forma natural se encuentra en el hígado, menudencias de pollo y algunas verduras.

Desnutrición infantil

La desnutrición se presenta cuando hay déficit en el suministro de alimentos o dificultad en su absorción o utilización por el organismo. La consecuencia más inmediata es el bajo peso y talla para la edad del niño. Enfermedades intestinales (como la diarrea crónica), pulmonares, cardíacas, renales y del sistema nervioso pueden causar desnutrición en los niños. No creas que sólo tienen desnutrición los pequeños que viven en la pobreza; tu hijo puede padecerla si tiene alguno de los problemas mencionados. Esta situación es más frecuente en los menores de cinco años, especialmente aquellos que no han recibido leche materna los primeros seis meses, no se vacunan o no reciben afecto familiar ni de su entorno. Si estás atenta, puedes detectar que algo está pasando si ves que tu hijo presenta los siguientes síntomas: tez pálida, caída de pelo, piel reseca, uñas quebradizas, sueño constante, cansancio y bajo rendimiento escolar. Para contrarrestar todo esto, es vital que siempre le ofrezcas alimentos variados, principalmente cereales, frutas, verduras, legumbres, harinas, carnes, lácteos y huevos, en una dieta equilibrada y suficiente. También puedes prevenir la desnutrición con lactancia exclusiva durante los primeros seis meses de vida, el esquema completo de vacunación y mucho afecto.

Ideas para combatir la inapetencia

Es importante que en la lista de la compra incluyas alimentos nutritivos de todos los grupos para ofrecerle a tu hijo un menú equilibrado. Si el pequeño adopta una buena alimentación durante los primeros seis años de vida, tendrá una adecuada respuesta inmunológica que lo protegerá contra infecciones. La paciencia y la creatividad son las herramientas clave para afrontar esta etapa que preocupa a todos los padres.

Para salir de la rutina y conquistar el paladar de tu hijo, sigue las siguientes estrategias:
• Haz siempre un intento por ofrecer a tu hijo comidas variadas.
• Presenta los alimentos de manera creativa y divertida.
• Procura que la combinación de alimentos en el plato sea también una propuesta cromática atractiva.
• Respeta y establece horarios de comida que se puedan cumplir.
• No le ofrezcas al niño líquidos o alimentos antes del almuerzo.
• Acuérdate de que las raciones deben ser pequeñas, acordes a su edad.
• Desde los siete meses intenta ir modificando y ofreciendo texturas distintas de alimentos, para que vaya acostumbrándose a masticar y tragar.
• Si rechaza alguna comida, no deseches la idea de dársela en otro momento. Busca otra forma de presentación u otra combinación de alimentos.
• Una buena idea es involucrar al niño en la preparación de la comida, aunque sea sólo mirando. A esta edad puedes ir enseñándole cómo son las frutas y verduras, incluso convirtiéndolas en personajes o seres animados. Así, el niño se familiariza con los alimentos de una forma divertida.
• Si rechaza un alimento, no le obligues en ese momento a comérselo. Los niños nunca deben percibir que la comida es muy importante para los padres. Son muy listos y pueden utilizar la artimaña de no comer como chantaje.
• Nunca le ruegues ni le obligues a comer. Tampoco lo distraigas cuando esté en la mesa. No es bueno llevar juguetes o ver la televisión.
• A esta edad, tu hijo ya debe aprender a comer en familia. Además, le resultará emocionante y se sentirá mayor, querrá imitar a sus mayores y comer lo mismo que ellos.
• No dejes que los ratos de comida sean interminables. Lo correcto es poner un límite de tiempo, alrededor de cuarenta minutos.
• Una táctica acertada es decirle a tu pequeño qué actividades no puede hacer para que no se eternice comiendo, como jugar.
• Se recomienda que las comidas se hagan en lugares pensados para ello, como por ejemplo el comedor.
• Felicita siempre a tu pequeño cuando haya comido bien y reafirma su buen comportamiento en la mesa.
• Tu hijo comerá mejor si le preparas platos apropiados para su edad y sólo introduces los alimentos adecuados a su periodo de desarrollo. No olvides que hay estudios que demuestran que el niño debe probar un alimento entre ocho y diez veces antes de reconocerlo como un sabor particular. Ten paciencia.
• Estimula a tu hijo para que coma solo. Promueve el uso de cubiertos aptos para su edad y felicítalo cuando haga algo por sí mismo.

Alimentos envasados

Tu pequeño ya está metido de lleno en el mundo de los alimentos e incluso puede tomar comida enlatada, productos congelados o galletas. Lee siempre con atención las etiquetas de lo que compras. Es posible que no tenga los nutrientes necesarios, que esté caducado o que incluya ingredientes no aptos para la salud.

Quieres lo mejor para tu hijo. Cuando empieza a comer de todo, intentas comprar los alimentos más naturales y adecuados para él. Por eso, es importante que leas siempre las etiquetas de los productos que adquieres. Evalúa sus ingredientes y desecha los más artificiales. Es necesario suministrar alimentos libres de pesticidas y plaguicidas y que estén alejados de la humedad, del aire y de la contaminación. No todos los productos envasados contienen las suficientes vitaminas, minerales y nutrientes. Debes suministrar a tu pequeño sólo productos de procedencia conocida e identificada en la etiqueta. Además,

es necesario controlar y respetar las fechas de elaboración y caducidad de los alimentos envasados.

No compres alimentos sin etiquetar en mercados, por muy artesanales que sean, si no tienen la garantía del Ministerio de Sanidad. La etiqueta tiene que incluir información nutricional, las propiedades alimenticias y sanitarias y si tiene algún nutriente adicional agregado de forma artificial. El recipiente no debe estar roto ni abollado y tiene que tener íntegro el sello de seguridad. No es conveniente ofrecerle el alimento en el mismo envase que se compró. Por seguridad, debe trasladarse a otro recipiente limpio.

Alimentos enriquecidos

Una misión importante en esta etapa es que tú, como mamá, hagas que tu pequeño se familiarice con todos los sabores, colores y texturas naturales. Tu pequeño debe conocer antes los productos en su estado fresco que los artificiales. Si no, esto supondrá un problema porque sólo querrá aquellos que ha conocido a través de potitos o zumos envasados. Además, ahora que ya puede tomar verduras en lata o congeladas, bollería industrial y otros productos que vienen envasados, debes saber que muchos de ellos no tienen hierro, crucial para la síntesis de hemoglobina. Por este motivo, en ocasiones son enriquecidos con este mineral. Efectivamente, en muchos casos el enriquecimiento de alimentos con nutrientes de los que carece, pero que son esenciales para el niño, se ha convertido en una solución útil. De hecho, la fortificación de los alimentos fue recomendada por la Asociación Médica Americana y la Academia Nacional de las Ciencias en 1930 como una estrategia para prevenir la malnutrición por déficit de vitaminas y minerales, los micronutrientes fundamentales para una buena salud en el niño. En la actualidad, este método está regulado por medidas éticas y legales. Por ejemplo, es una práctica habitual que los cereales infantiles, que son parte de la alimentación complementaria y no contienen hierro, se fortifiquen con este mineral. Lo mismo sucede con las leches de crecimiento, que incluyen los nutrientes de los que carece la leche entera de vaca y que son necesarios para el niño.

Evalúa los ingredientes y desecha los más artificiales. Es necesario suministrar alimentos libres de pesticidas y plaguicidas, y que estén alejados de la humedad, del aire y de la contaminación. No todos los productos envasados contienen las suficientes vitaminas, minerales y nutrientes.

Cómo leer una etiqueta

He aquí algunas pistas para saber interpretar la información de las etiquetas de los alimentos que encuentras en los supermercados.

Porcentaje del Valor Diario (VD). Es la cantidad de cada nutriente que un alimento aporta a una dieta de 2.000 calorías. Sirve para saber si un alimento tiene alto o bajo contenido en alguno de sus componentes. Si el VD es del 20% o más, el contenido se considera alto. Si el VD es del 5% o menos, se considera bajo.

Porción. Revisa el tamaño de la ración. Si tu hijo come dos, duplicará las calorías y los nutrientes. Muchas veces el indicador puede ser de una ración, pero el paquete contener más de una. Presta atención a este detalle para evitar excesos.

Calorías o aporte calórico. Lee las calorías especificadas en la etiqueta y compáralas con los nutrientes que contiene. Luego, decide si el alimento es una buena opción para tu familia. Se puede decir que un alimento tiene bajo contenido de calorías si contiene menos de 40 calorías por ración. Durante el transcurso del día, sólo entre el 10% y el 30% de las calorías totales deben ser proporcionadas por las grasas.

Grasas o lípidos. Busca alimentos con bajo contenido en grasas saturadas, grasas trans y colesterol para reducir el riesgo de enfermedades cardíacas. Un alimento con bajo contenido en grasas contiene un Valor Diario (VD) de 3 gramos o menos de grasas totales por ración. No existe un VD para grasas trans. Es mejor suprimirlas por completo. Las grasas trans no sólo aumentan los niveles totales de colesterol, sino que disminuyen los niveles del colesterol bueno (HDL) que nos ayuda a protegernos contra las afecciones del corazón.

Sodio. Los alimentos procesados tienen con frecuencia un alto contenido en sodio, es decir, de sal. Compra alimentos bajos en sodio, con menos de 140 mg por unidad.

Formas de conservación de los alimentos

Vidrio, tetra brik o caja: Impide que el alimento entre en contacto con microorganismos del exterior y lo protege contra la suciedad. Ejemplo: compotas, jugos, leche.

Deshidratación: Se aplica la cantidad de calor necesaria para extraer el agua de los alimentos. Para eliminar la humedad se añaden sustancias como sal y azúcar. Ejemplo: leche en polvo.

Refrigeración: Los métodos de enfriamiento y de congelación suprimen los efectos del calor sobre los alimentos, pero sin convertirlos en hielo. Éstos pueden conservarse determinado tiempo dependiendo del producto que sea. Ejemplo: carne, pescado, frutas y verduras.

Aditivos alimentarios

Éstos son los más comunes. Te decimos para qué sirven:

• **Antioxidantes:** Consiguen que los alimentos duren más. Evitan que las grasas, aceites y algunas vitaminas se contaminen con el oxígeno del aire, ya que este proceso provoca la oxidación de los alimentos. Ejemplo: vitamina C, también denominada ácido ascórbico o E-300.

• **Colorantes:** A veces sustituyen el color natural que se perdió por la elaboración del producto o por la forma en la que se tienen que conservar. También se usan para añadir color al alimento. Ejemplo: caramelo (E-150a), muy común en salsas y refrescos.

• **Emulsionantes, estabilizantes, gelificantes y espesantes:** Los primeros, como las lecitinas o E-322, sirven para combinar alimentos que no pueden mezclarse de forma natural, como el agua y el aceite. Los estabilizantes logran que estos alimentos no se vuelvan a separar. Los gelificantes se suelen usar en las confituras y aparecen identificados como E-440. Los espesantes proporcionan consistencia y textura a los alimentos.

• **Aromatizantes:** Su función es aumentar el aroma de alimentos salados o dulces para hacerlos más atractivos. El glutamato monosódico o E-621 se suele agregar a sopas, salsas y embutidos.

• **Conservantes:** Contribuyen a mantener los alimentos en buen estado durante más tiempo. Muchas veces se usa el dióxido de azufre o E-220 para evitar el desarrollo de mohos o bacterias. Los nitritos y nitratos, E-249 y E-252 respectivamente, se utilizan en embutidos cuando se curan.

• **Edulcorantes:** Sustituyen al azúcar en refrescos, yogures o chicles. Son el aspartamo (E-951), la sacarina (E-954), el acesulfamo potásico (E-950) y el sorbitol (E-420).

Imaginación en los fogones

Como en todas las etapas, la forma de alimentar a tu bebé es un reto. Para que tu pequeño acepte nuevos ingredientes y combinaciones más elaboradas en los guisos, es bueno conocer a fondo qué puede comer y cada cuánto tiempo. Igualmente, hay que evitar el abuso de grasas y azúcares e incorporar proteínas, verduras y frutas todos los días.

La rutina alimentaria de tu hijo se parece mucho a la de un adulto. De hecho, puede comer prácticamente de todo, aunque todavía sin azúcar o demasiada sal. A partir ahora, tu bebé irá sentando las bases para convertirse en un pequeño gourmet que disfrutará de los sabores naturales de todos los grupos de la pirámide alimentaria. La clave para que aprenda a comer bien es que tú le ofrezcas recetas tan atractivas que él se rinda ante los nutrientes y el deleite de comer sanamente y muy rico. Aquí te damos una guía sobre los alimentos que puede comer todos los días y los que únicamente se darán una vez a la semana. También te ayudamos con algunas recetas que pueden servirte para seducir el paladar, cada vez más exigente, de tu pequeño.

Cinco comidas

El desayuno, el almuerzo, la cena, un tentempié a media mañana y una merienda conforman la rutina alimentaria de tu pequeño. Cada grupo de alimentos satisface requerimientos nutricionales concretos para el crecimiento adecuado del niño. Por eso, se deben incluir todos los productos y propiciar, así, una correcta ingesta de vitaminas, carbohidratos, grasas, minerales y proteínas.

El desayuno

Jamás puede faltar. El recomendado para un niño mayor de un año está compuesto por cereales, que tienen minerales como zinc, hierro y fósforo; leche, que aporta calcio y vitamina A; jamón, rico en proteínas, y una fruta. El huevo sólo se debe incluir después de los quince meses. El desayuno es la comida más importante del día. Después de un prolongado ayuno natural (una noche entera mientras duerme), los nutrientes que se incorporan por la mañana permiten al cerebro pensar con rapidez, memorizar y concentrarse. El cerebro se alimenta de glucosa y funciona gracias a ella, por este motivo esta comida debe aportar unos 140 g de esa sustancia. El niño que desayuna tiene una actitud más positiva ante la vida, permanece activo, aprende mejor y gana peso de manera saludable.

El almuerzo

Esta comida representa el 40% del aporte calórico diario. Debe estar compuesto de media o una taza de sopa con verduras y arroz. Puedes combinar esto con pollo o carne picada. Un lácteo, como yogur o queso, también le proporciona calcio. Y, para beber, un vaso de agua.

La cena

La última comida del día suministra el 25% del aporte calórico diario. Debe estar compuesta de media o una taza de sopa con verduras, una porción de pescado, arroz o algún otro cereal, una fruta y un vaso de leche.

El tentempié y la merienda

Debe ofrecerse una comida reducida dos veces al día, a media mañana y por la tarde. Su aporte calórico supone el 15%. Puedes darle a tu hijo cereales como pan o galletas, productos lácteos como un yogur y una fruta.

Pequeños vegetarianos

Si has decidido que tu pequeño lleve una dieta vegetariana, no hay problema alguno. Tu hijo puede adquirir los nutrientes necesarios de productos permitidos en este régimen de alimentación. Eso sí, los padres no deben olvidar la consulta regular con el pediatra y un nutricionista, que han de comprobar que el niño está desarrollándose correctamente. En esta etapa, es conveniente que la dieta de tu hijo vegetariano incluya huevos y leche, y sus derivados, por ser una fuente de vitamina B12, esencial para el crecimiento de bebés de uno a dos años. Otro asunto importante es que tu hijo pueda elegir su estilo de alimentación cuando tenga criterio para ello. Los expertos recomiendan que los niños sigan esta dieta hasta los tres años y que luego sus progenitores les permitan tomar una decisión propia.

Consumo de alimentos

Diarios:

Huevo y leche. Son fuente de ácidos grasos esenciales y proteínas fundamentales para el crecimiento desde el nacimiento hasta los dos años.

Frutas y verduras frescas. Tienes que dárselas de todo tipo y color. Además, la variedad de texturas ayudará a tu hijo con la masticación. Procura ofrecérselas cocidas o al vapor.

Grasa. Puede consumir la de la leche y los aceites vegetales, sobre todo de oliva. Los alimentos con grasa proporcionan calorías y vitaminas esenciales para su desarrollo. Las galletas con mantequilla, los licuados, o zumos de verduras, y proteínas con aceite de oliva son una excelente opción.

Carne, pollo o pescado. El niño puede comer una ración pequeña (aproximadamente 30 g), siempre sin grasa.

Granos. Una pequeña ración, del tamaño de una cuchara, es suficiente para su edad. Aquí se incluyen cereales y arroz, pasta o maíz.

Semanales:

Golosinas o alimentos con gran contenido en azúcar refinado (helados, golosinas, chocolates, refrescos, zumos artificiales, etc.). La ingesta de estos productos disminuye el apetito, por lo que son perjudiciales si se consumen entre comidas. El niño debe tomar alimentos bajos en azúcar y saborear los que son dulces por naturaleza.

Tu pequeño deberá comer frutas, verduras, carne, pescado y cereales a diario. Las golosinas y bebidas azucaradas sólo deberán ser parte de su dieta de forma esporádica.

Recetas suculentas

Crema de zanahorias

Ingredientes:
- 400 g de zanahorias
- 4 patatas
- 1/2 vaso de leche
- 2 cucharadas de aceite
- Un poco de sal y pimienta

Preparación:
Corta las zanahorias y las patatas, y ponlas en un cazo a fuego lento con el aceite durante un par de minutos. Añade la leche, agua, la sal y la pimienta, y espera a que las zanahorias estén cocidas. Si quieres, puedes servir la crema con algún adorno, como perejil o trocitos de queso.

Croquetas de pollo o jamón york

Ingredientes:
- 1 cucharada sopera de aceite de oliva
- 2 cucharadas soperas de harina
- 1/4 litro de leche o un poco más
- 1 huevo
- 100 g de pan rallado
- Nuez moscada
- 150 g de pollo o jamón york en trocitos muy pequeños

Preparación:
Pon la sartén con el aceite en el fuego. Cuando esté caliente, la retiras y vas echando la harina con una cuchara de madera sin dejar de remover, para que se forme una masa uniforme. Después, coloca de nuevo la sartén en el fuego y ve agregando la leche poco a poco, removiendo continuamente hasta obtener una sustancia consistente. Ahora es el momento de añadir la nuez moscada y el jamón o pollo. Sigue moviendo todo hasta que espese. Hay que cocer la masa durante 40 minutos, pero sin dejar de moverla para que no se pegue. Después, se vuelca la masa en un recipiente y se deja enfriar a temperatura ambiente durante una hora. Luego, se introduce en el frigorífico un par de horas para que la masa quede muy espesa. Una vez que está bien fría, sacas la mezcla de la nevera y, con la ayuda de un par de cucharas, haces las croquetas. Después, las untas con huevo batido y las rebozas con pan rallado. Empanas las piezas y las vas dejando en un plato. Cuando estén hechas, las vuelves a meter en el frigorífico, esta vez una hora. Luego, se sacan y se fríen en una sartén con el aceite caliente. Sácalas cuando estén doradas y escúrrelas sobre servilletas de papel, para que absorban el aceite sobrante. Y listas para servir.

Flan

Ingredientes:
- 1/2 litro de leche
- 2 yemas de huevo
- 4 quesitos
- 1 sobre de cuajada
- 3 cucharadas de azúcar
- Caramelo líquido

Preparación:
Vierte la leche en un cazo y añade las yemas, los quesitos aplastados, el sobre de cuajada y el azúcar. Mezcla bien y bate con la batidora para que no queden grumos. Hierve la mezcla sin dejar de remover para que no se pegue. Una vez hervido, vierte el líquido en una flanera grande o en cuatro individuales, a las que previamente has echado caramelo líquido. Deja enfriar para que se cuaje bien y listo.

Bolitas de patatas

Ingredientes:
- 4 huevos
- Pan rallado
- Sal y pimienta
- Aceite
- 1 sobre de puré de patata

Preparación:
Prepara el puré de patatas siguiendo las instrucciones del envase. También puedes hacer el puré en casa. Una vez que el puré esté frío, lo colocas en una ensaladera y le añades dos huevos batidos, sal y pimienta. La pasta resultante te sirve para hacer bolas con las manos. Luego, bate los otros dos huevos y unta las bolitas. De ahí, pásalas por el pan rallado que tendrás en un plato aparte. Ya están listas para freír. Cuando estén doradas, sácalas de la sartén y colócalas sobre servilletas para que absorban el aceite que sobra.

Carne de cangrejo

Ingredientes:
- Barritas de surimi o carne de cangrejo
- Ajo
- Aceite
- Sal

Preparación:
Corta las barras de surimi o carne de cangrejo en tiras finas. Pon el ajo en láminas con un poquito de aceite de oliva en una sartén. Cuando el ajo esté dorado, añade las tiras. Espera a que estén en su punto y sírvelas. Puedes acompañar este plato con trocitos de lechuga u otra verdura que le guste a tu pequeño.

Más dientes

En esta etapa, tu pequeño sentirá crecer sus dientes de leche. Por eso, comerá menos y aparecerán síntomas como babeo, inflamación, dolor o problemas para dormir.

El proceso de dentición suele comenzar a partir del sexto mes y se prolonga hasta los dos o tres años, cuando se completan los veinte dientes de leche. Hay niños que superan el proceso de dentición sin dificultad, pero para otros la salida de los dientes produce molestias y dolores. En este periodo, tu bebé puede babear más de lo normal, sufrir inflamación y dolor de encías o tener muchas ganas de morder; además puede haber inapetencia o problemas para dormir.

Para aliviar estas molestias, dale un mordedor o un paño húmedo y frío. También es bueno ofrecerle alimentos blandos y fríos, recién sacados de

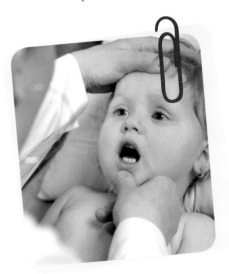

la nevera. O puedes calmarle el dolor si frotas sus encías con tu dedo suavemente, siempre lavándote las manos antes de hacerlo. Si todo esto no funciona, consulta a tu pediatra. Él te podrá ayudar con alguna pomada o analgésico que le alivie los síntomas.

No es necesario que durante el primer año cepilles los dientes de tu bebé, pero sí que los limpies un par de veces al día con una tela o paño húmedo, procurando limpiar también las zonas sin dientes. A partir de los dieciocho meses, probablemente tu hijo podrá cepillarse solo o con un poco de ayuda. Hay que usar un cepillo de cerdas blandas, de tamaño adecuado para su edad.

Cada edad, sus dientes

Los dientes son piezas duras que están incrustadas en los huesos maxilares. Llevan a cabo la parte mecánica de la digestión, ya que cortan y trituran los alimentos. Hasta los ocho o nueve años, la especie humana sólo posee veinte dientes (dentición de leche), que luego serán sustituidos por un total de treinta y dos piezas definitivas.

Higiene y alimentación

Para mantener una buena higiene dental a cualquier edad debes seguir las siguientes recomendaciones:

- Visitar al dentista una vez al año.
- Limpiar muy bien los dientes después de cada comida.
- No consumir habitualmente dulces o bebidas azucaradas entre comidas y reducir su consumo durante las mismas.
- Masticar bien los alimentos para que no se depositen restos entre los dientes.
- Consumir una dieta que sea rica en calcio y proteínas.

Tipos de dientes

Existen cuatro grupos de dientes con distintas funciones. El adulto tiene treinta y dos piezas permanentes o definitivas: ocho incisivos, cuatro caninos, ocho premolares y doce molares.

- **Incisivos:** Son los dientes del centro de la boca. Cortan los alimentos. Sus bordes son planos y afilados.
- **Caninos:** Adyacentes a los incisivos. Desgarran los alimentos. Su parte visible tiene forma de cono. Sus raíces son grandes.
- **Premolares:** Junto a los caninos. Desgarran y trituran los alimentos. Tienen dos cúspides y una o dos raíces.
- **Molares:** Los más alejados del centro de la boca. Mastican y trituran los alimentos. Poseen cuatro o cinco cúspides. Los superiores tienen tres raíces y los inferiores dos.

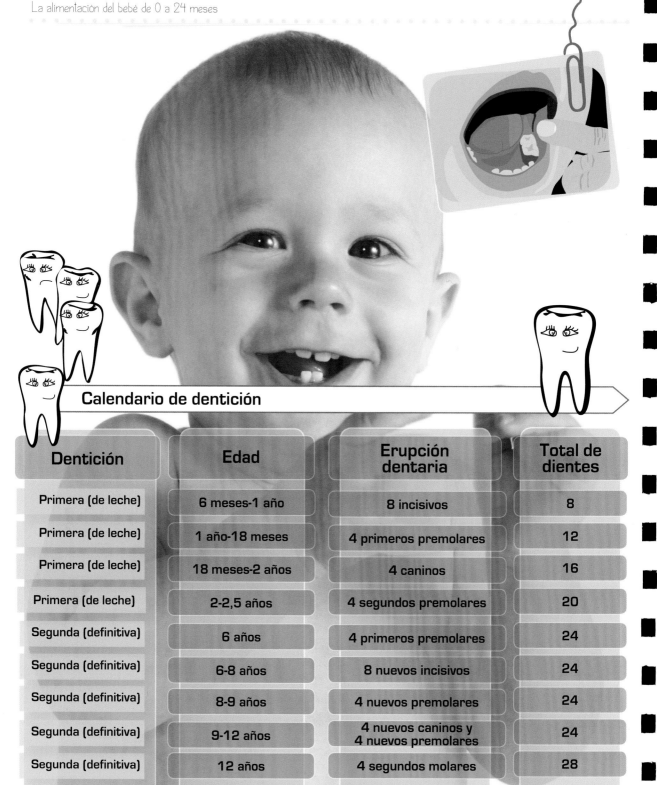

Calendario de dentición

Dentición	Edad	Erupción dentaria	Total de dientes
Primera (de leche)	6 meses-1 año	8 incisivos	8
Primera (de leche)	1 año-18 meses	4 primeros premolares	12
Primera (de leche)	18 meses-2 años	4 caninos	16
Primera (de leche)	2-2,5 años	4 segundos premolares	20
Segunda (definitiva)	6 años	4 primeros premolares	24
Segunda (definitiva)	6-8 años	8 nuevos incisivos	24
Segunda (definitiva)	8-9 años	4 nuevos premolares	24
Segunda (definitiva)	9-12 años	4 nuevos caninos y 4 nuevos premolares	24
Segunda (definitiva)	12 años	4 segundos molares	28
Segunda (definitiva)	16-25 años	4 terceros molares	32

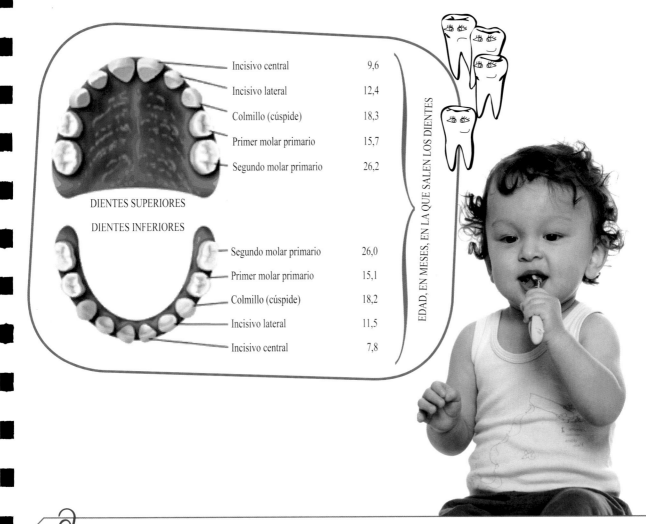

	EDAD, EN MESES, EN LA QUE SALEN LOS DIENTES
Incisivo central	9,6
Incisivo lateral	12,4
Colmillo (cúspide)	18,3
Primer molar primario	15,7
Segundo molar primario	26,2

DIENTES SUPERIORES

DIENTES INFERIORES

Segundo molar primario	26,0
Primer molar primario	15,1
Colmillo (cúspide)	18,2
Incisivo lateral	11,5
Incisivo central	7,8

Edades de los dientes

Qué hacer en cada etapa de tu bebé:

- **0-6 meses** { Evita la adición de azúcar o miel en el biberón o el chupete.
- **7 meses** { Aparecen los primeros dientes.
- **12-15 meses** { Si no han aparecido los primeros dientes de leche, consulta al odontólogo o al pediatra.
- **2 años** { Inicia el uso del cepillo dental con pequeñas cantidades de dentífrico especial para niños de esta edad. Suprime el biberón y el chupete. Lleva al niño a su primera visita al dentista.
- **6 años** { Aparecen las primeras muelas definitivas.
- **8-10 años** { Vigila si la posición de los dientes de tu hijo y la mordida son correctas. Tu dentista te asesorará.
- **12-14 años** { Debería estar completa toda la dentición permanente salvo los últimos molares.

Índice de contenidos

Direcciones electrónicas

- Agencia Española de Seguridad Alimentaria. www.aesan.msc.es
- Asociación Española de Pediatría. www.aeped.es
- Biblioteca Nacional de Medicina de Estados Unidos. www.nlm.nih.gov
- British Nutrition Foundation. www.nutrition.org.uk
- Departamento de Agricultura de Estados Unidos.
- Federación de Asociaciones de Celíacos de España (FACE). www.celiacos.org
- Organización de las Naciones Unidas para la Agricultura (FAO). www.fao.org/index_es.htm
- La Liga de la Leche, España. www.laligadelaleche.es
- Liga de la Leche Internacional. www.llli.org
- Medline. www.nlm.nih.gov/medlineplus/spanish/medlineplus.html
- National Childcare Trust. www.nct.co.uk
- National Institutes of Health. www.nih.gov
- Nutrición Pediátricas (NASPGHAN). www.naspghan.org
- Organización Mundial de la Salud (OMS). www.who.int/es/
- Sociedad Española de Gastroenterología, Hepatología y Nutrición. www.gastroinf.com
- Unicef. www.unicef.org/spanish/nutrition/index.html
- Unión Vegetariana Española (UVE). www.unionvegetariana.org
- Vegan Society. www.vegansociety.com
- Vegetarian Society. www.vegsoc.org
- www.babysitio.com/
- www.crecerfeliz.es
- www.pediatraldia.cl
- www.mypyramid.gov

WITHDRAWN

Bibliografía

- *La alimentación y la nutrición a través de la historia*
Salas-Salvadó, Jordi; García-Lorda, Pilar; Sánchez Ripollés, José María. Editorial Glosa

- *El arte femenino de amamantar*
Fazal, Anwar. Editorial Pax México

- *Autonomía personal y salud infantil*
Rodríguez, Antonio Jesús; Zehag, Margarita F. Editorial Editex

- *The Breastfeeding Answer Book*
Newton, Edward; Mohrbacher, Nancy; Stock, Julie.
Publicado por La Liga Internacional de la Leche

- *Nursing mother, working mother*
Pryor, Gale; Huggins, Kathleen. Harvard Common Press

- *Nutrición y salud pública: métodos, bases científicas y aplicaciones*
Serra Majem, Lluís; Aranceta Bartrina, Javier. Editorial Elsevier

- *El pediatra eficiente*
Plata Rueda, Ernesto; Leal Quevedo, Francisco Javier. Editorial Médica Panamericana

- *Pruebas científicas de los diez pasos hacia una feliz lactancia natural*
Organización Mundial de la Salud

- *Psicología de la alimentación: comportamientos saludables y trastornos alimentarios*
Ogden, Jane. Ediciones Morata

- *Somos lo que comemos: estudios de alimentación y cultura en España*
García Arnaiz, Mabel. Editorial Ariel

- *What to Feed When*
Karmel, Annabel. Editorial DK